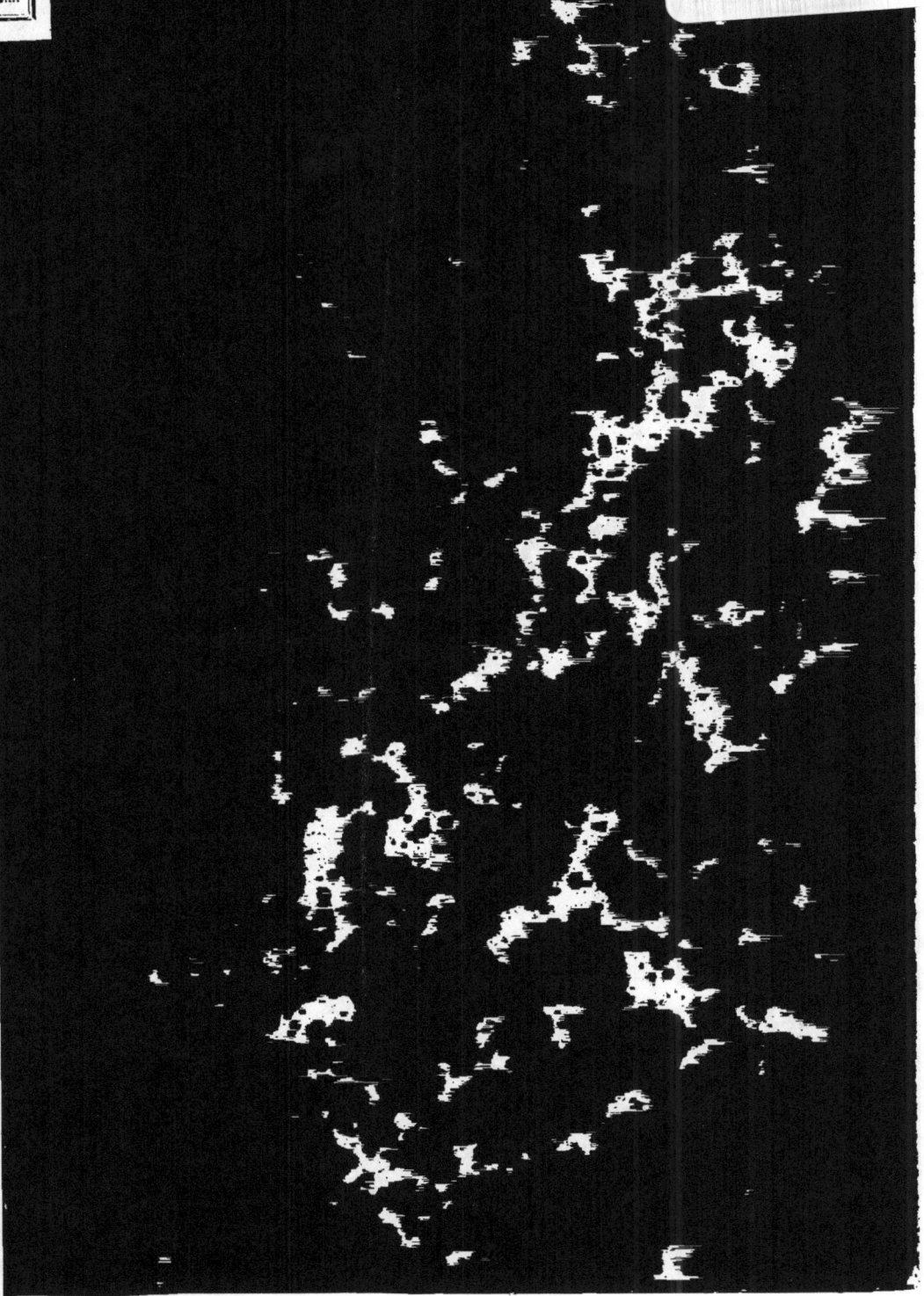

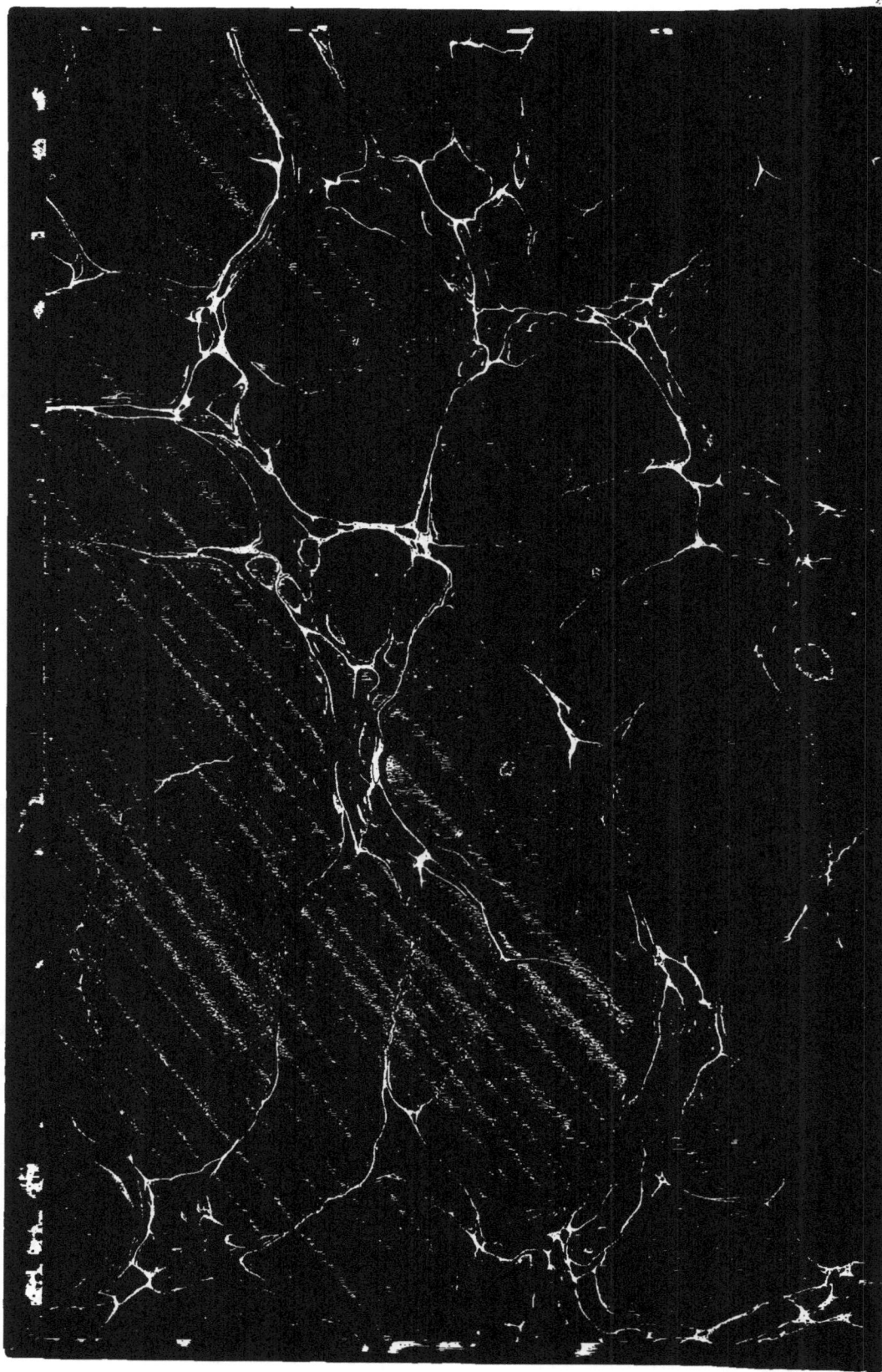

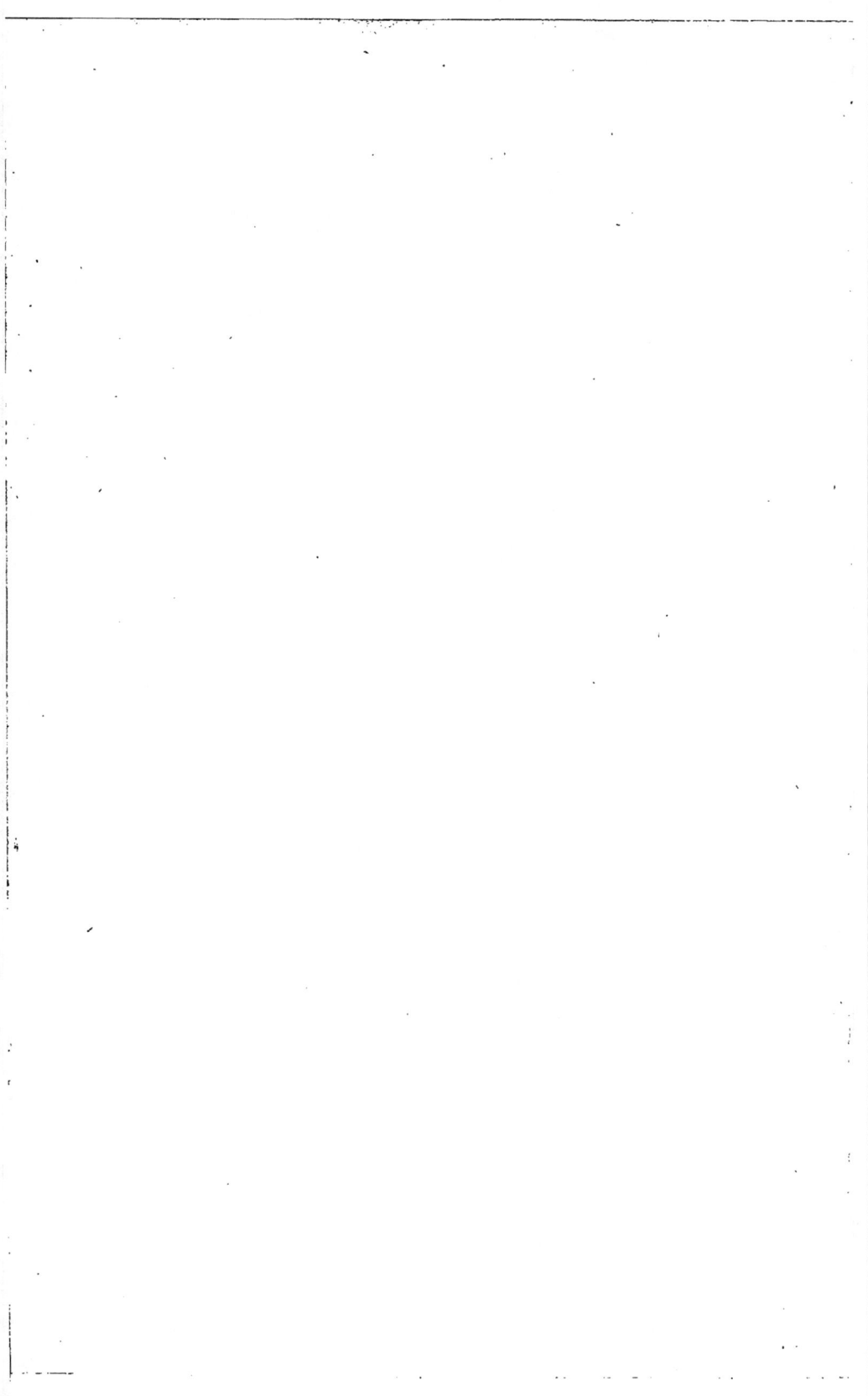

OBSERVATIONS

SUR LA

RÉFORME PROJETÉE

DU

RÉGIME HYPOTHÉCAIRE

FRANÇAIS.

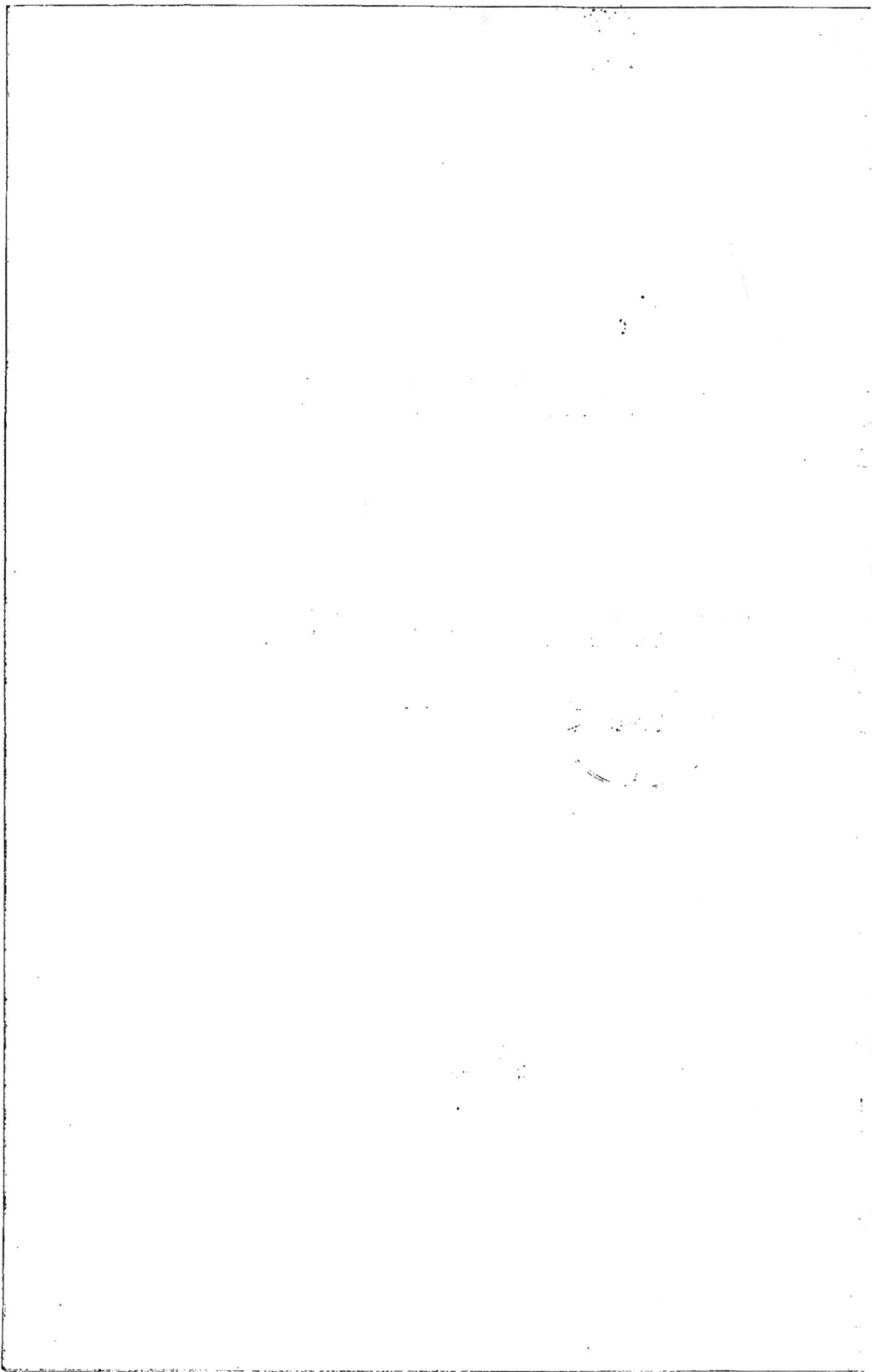

OBSERVATIONS

SUR LA

RÉFORME PROJETÉE

DU

RÉGIME HYPOTHÉCAIRE

FRANÇAIS,

PAR

EURYALE FABRE,

LICENCIÉ EN DROIT, NOTAIRE A CLERMONT-FERRAND.

Clermont-Ferrand,

IMPRIMERIE DE PÉROL, RUE BARBANÇON, N° 2.

1845.

1846

OBSERVATIONS

SUR LA

RÉFORME PROJETÉE

DU

RÉGIME HYPOTHÉCAIRE

FRANÇAIS.

———————

1.

Bien des voix se sont élévées déjà contre le régime hypothécaire français. Des innovations nombreuses ont été proposées; les plus remarquables sont consignées dans des œuvres consciencieuses toutes remplies d'idées neuves, enrichies pour la plupart de considérations élevées.

Ces réclamations sont demeurées long-temps infructueuses, parce qu'elles avaient à lutter contre deux ennemis sérieux :

La crainte de rompre l'harmonie du code civil;

La difficulté, le danger peut-être, de créer un système complet sur de nouvelles bases;

L'hésitation scrupuleuse qui s'est opposée aux réformes de notre code était naturelle.

L'ancien droit français avait pour règles, les lois romaines, les ordonnances, les coutumes anciennes et locales : chaque province avait ses lois et ses maximes; chaque village ses statuts particuliers.

Cette innombrable quantité de lois, rendait l'étude du droit longue et pénible, les recherches étaient difficiles et souvent sans succès. Les textes divers se prêtaient à des interprétations opposées, à des luttes sur leurs prééminences, et l'on comprend parfaitement jusqu'à quel point a dû se laisser entraîner la satisfaction des jeunes légistes et des hommes pratiques, lors de la promulgation des codes qui furent l'œuvre des législateurs de mil huit cent quatre.

En posant avec ensemble et clarté, les principes de notre droit civil, en adoptant le laconisme de la *codification* et la forme impérative, qui seule convient à la loi, le code civil avait rendu un service inappréciable; dès cette époque aussi, l'étude du droit français réduite à des principes formels et d'une précision à tout jamais remarquable, avait fait un immense progrès.

L'uniformité fut l'un des plus grands avantages de cette législation nouvelle; mais c'est un de ces bienfaits dont nous profitons presque sans nous en douter, comme on accepte le bien-être après la douleur, la prospérité après l'infortune.

Il n'en fut pas de même lors de la publication de nos codes : à cette époque, encore contemporaine, le public accepta cette œuvre avec reconnaissance, et ce fut justice. La science du droit parut alors bien simple, bien facile : elle acquit droit de Bourgeoisie chez tous et devint, pour ainsi dire, populaire; on se prit à espérer la renaissance de l'âge d'or, la fin de toutes les contestations ; chacun voulut avoir ce livre d'une intelligence, en apparence si facile, pour y lire ses droits ou ses devoirs; tous se crurent jurisconsultes, ce fut une dangereuse erreur. Le succès n'en fut pas moins général, si nous exceptons quelques hommes d'une science profonde qui, dès le début, furent assez heureux pour en signaler les imperfections.

Plus de quarante années d'expérience ont ratifié les éloges que le code civil obtint à sa promulgation, il faut donc se montrer sobre d'attaques envers une œuvre aussi respectable. Mais peut-on faire mieux? Voilà la question qui se présente aujourd'hui, et nous croyons qu'on peut la résoudre affirmativement.

Il sera probablement impossible de présenter un projet assez bien conçu pour aplanir toutes les aspérités qui se hérissent autour des lois hypothécaires; car, la perfection est ici comme toujours, une impossibilité inhérente à l'homme; il y aura des obstacles sérieux; de là, la crainte, l'hésitation scrupuleuse dont nous avons parlé.

La seconde difficulté, celle de créer un système nouveau, n'est pas moins délicate; elle est cependant susceptible d'une solution satisfaisante et conforme aux réclamations générales.

L'étude des législations comparées, est un des jalons les plus sûrs pour se diriger dans cette route nouvelle; mais il en est un autre qu'il ne faut jamais perdre de vue, qu'il faut suivre de préférence, c'est celui qui représente les besoins de l'époque, et qu'indique la voix publique.

Les théories adoptées par le code civil, purent paraître complètes à leur origine, parce qu'elles suffisaient, peut-être, aux mutations moins nombreuses alors; mais, nous sommes déjà bien loin de cette époque où la grande propriété envahissait le sol de la France, parce que les partages par égalité et les exigences du luxe n'étaient pas encore venus niveler les positions, exiger le démembrement des terres. Les fortunes étaient plus considérables, et moins inconstantes; on possédait long-temps, et la prescription venait presque toujours couvrir avant une revente, ce qu'il pouvait y avoir d'irrégulier dans une première aliénation.

Les contractants connaissaient mieux leurs capacités respectives, parce que les voies de communications, encore dans leur enfance, n'avaient pas permis à toutes les provinces de la France, de se coudoyer, de se mouvoir en même temps, dans le cercle immense que l'activité commerciale et industrielle élargit chaque jour. Les domiciles étaient plus fixes, les relations suffisantes pour éviter toutes surprises, sans avoir besoin d'invoquer la protection spéciale de la loi. Le propriétaire vendeur était encore propriétaire après plusieurs aliénations, et sa capacité toujours connue, jointe à la garantie que présentaient encore les immeubles qui lui restaient, sauvegardaient l'acquéreur des dangers auxquels pouvait l'exposer le le silence du législateur.

Tout cela est changé; aussi, a-t-on senti qu'une réforme était nécessaire. Une commission, composée des hommes les plus éminents, a été chargée d'élaborer un nouveau projet, et nous pensons qu'il est du devoir de tous ceux qui se sont occupés de cette grande question, d'apporter au foyer de lumières l'étincelle qu'il aura pu recueillir dans la sphère de ses études et de son expérience.

Pour nous, nous remplirons cette tâche avec tout le courage nécessaire aujourd'hui pour lancer sa pensée dans la discussion publique, quand on se sent inhabile à écrire et sans autre appui que celui de ses propres réflexions.

2.

La question de savoir si le régime hypothécaire actuel est dangereux, n'est plus à l'ordre du jour;

elle est résolue par l'expérience, par nos recueils d'arrêts, par les auteurs qui ont signalé tous les mécomptes dont il a été le berceau depuis sa promulgation.

Nous ne reprendrons pas la nomenclature faite par M. de Courdemanche, qui nous semble avoir touché presque tous les points défectueux.

L'ouvrage de ce jurisconsulte, est remarquable par la vigueur avec laquelle il a attaqué l'ensemble du système, mais il est moins heureux lorsqu'il s'agit de le reconstituer. Depuis la publication de sa spirituelle critique, il a paru, lui-même, peu satisfait de son travail, dont le défaut est de nous amener trop subitement à des idées entièrement neuves, par une voie rigoureuse, sévère, à laquelle on n'est pas préparé. On est également effrayé des écueils qu'il signale et des immenses réformes qu'il propose.

3.

En 1853, M. Sevin fit paraître un mémoire sur les hypothèques qui était loin d'accueillir tous les changements réclamés par M. de Courdemanche. M. Sevin, demandait, avec une grande raison, d'appliquer au Stellionat les peines du faux en écriture publique, et nous ne savons pas trop comment le Stellionataire éviterait cette application si l'on tirait des principes généraux des conséquences rigoureuses.

Un crime contre les personnes, sous quelque forme qu'il se dissimule, n'en demeure pas moins un crime.

Les crimes contre la propriété, ne sont également ment susceptibles d'aucune distinction sérieuse, quand ils arrivent au même but, la violation du droit de propriété. Ils doivent alors être punis, d'autant plus sévèrement, qu'ils sont plus graves contre la société, plus faciles à commettre contre ceux que la bonne foi seule protège.

Cette première idée est heureuse, elle peut devenir féconde, et nous nous y attacherons comme à une base sûre.

M. Sevin, demande ensuite la transcription et l'inscription des hypothèques et des priviléges qu'il conserve, car il en détruit plusieurs; celui du trésor se trouve sacrifié, parce que l'état qui est appelé à gouverner les autres est parfaitement en mesure de veiller, par ses agents, à ses propres intérêts.

Le mode d'inscription des hypothèques légales proposé par M. Sevin, nous a paru supérieur à tout ce qui a été écrit par d'autres auteurs.

Il demande, sous peine de nullité, la transcription suivie d'inscription d'office de tous les actes qui peuvent établir une créance en faveur d'une femme mariée ou d'un mineur.

Cette solution est non-seulement plus simple que les autres systèmes, mais elle domine encore toutes les législations étrangères qui ont adopté, dans toutes ses conséquences, le principe de publicité. Nous la préférons aux dispositions des articles 3302 et suivants du code de la Louisiane, et à la législation de la Sardaigne qui veut rendre les inscriptions des hypothèques légales certaines et publiques, en employant des agents intéressés tels que les parents ou les officiers ministériels, et en frappant d'une sanction pénale la négligence des uns et des autres. Cette transcription serait toujours faite par les soins des notaires qui la conseilleraient, et cette mesure n'étonnerait personne; car les débiteurs, soit des mineurs, soit des femmes mariées, ont déjà tous la précaution de consulter avant d'opérer un paiement; ils ont comme une prévoyance intime des moyens que nous venons de rappeler; ils doutent de la capacité des tuteurs et des maris, et ne se libèrent souvent qu'en exigeant une hypothèque de garantie. Cette habitude que nous pouvons attester, nous semble un indice favorable aux idées de M. Sevin.

Il remplace donc les hypothèques légales par la transcription nécessaire, suivie d'inscriptions d'office de tous les actes qui contiennent quittance par les maris ou les tuteurs, de sommes revenant à leurs femmes ou à leurs pupilles, obligations consenties conjointement par les femmes et leurs maris, ou qui établissent au profit de ces dernières une action en reprise ou en indemnité.

Les maris ou les tuteurs indiqueraient dans les actes, et sous les peines sévères du Stellionat, la situation de leurs biens, et par suite, les bureaux où la transcription devrait avoir lieu.

Cet auteur s'occupe ensuite des changements d'état survenus dans la personne des propriétaires, et nous croyons utile d'adopter la mesure qu'il indique et qui consiste dans la simple transcription des jugements qui modifient les capacités personnelles dans les divers bureaux de la situation des biens, à la requête de l'intéressé le plus diligent.

4.

M. Hébert, notaire à Rouen, s'est aussi occupé de la réforme hypothécaire; il a critiqué souvent l'ouvrage de M. Sevin, qui ne lui a pas paru assez complet.

M. Hébert a pris le contre-pied, il a créé un système trop minutieux, trop chargé de détails. Nous n'avons pas bien saisi pourquoi il préférait des indications à de véritables inscriptions; du reste, ses idées pratiques exigeraient une révision complète de nos codes, et nous croyons que la rigueur extrême qu'il veut faire prévaloir est bien loin d'être encore dans nos besoins et dans nos mœurs.

Notre collègue de Rouen a mis au jour, avec un ordre parfait et une logique sévère, toutes les leçons de sa longue expérience; à ce titre, on doit lui être reconnaissant de son livre, qui sera une excellente lecture pour prémunir les jeunes adeptes au notariat contre un entraînement toujours dangereux, quand on n'obéit qu'à l'activité dévorante et malheureusement quelquefois ambitieuse, qui saisit au début nos jeunes confrères.

Il leur montre des dangers sans nombre, et il a parfaitement raison; mais il ne faut pas, comme il le demande, faire descendre les notaires au rôle de tuteurs publics, chargés de faire des indications qui absorberaient un temps qui peut être beaucoup plus utilement employé.

Nous sommes loin de désirer une réforme purement spéculative; nous savons trop les déceptions qu'occasionnent les lois créées avec une pensée seulement philosophique ou moralisatrice; la pratique est souvent préférable à un éclectisme purement métaphysique; mais nous ne voudrions pas non plus une législation étroite, rampante et presque mécanique.

La loi est trop puissante pour être si précautionnée; elle est trop forte pour redouter les plus petits écueils. Le système de M. Hébert manque d'ampleur; il ne peut convenir à une grande nation.

Le code civil avait fait la loi hypothécaire beaucoup trop grande dame; le défaut de plusieurs auteurs nouveaux est de vouloir l'emprisonner dans des langes.

5.

MM. Persil, Grenier, Battur, Allemand et Troplong, ont apporté dans la question qui nous occupe, le large tribut de leurs esprits investigateurs
et de leurs profondes études.

M. Grenier, qui a été un des premiers sur la
brèche, s'est montré puissant, comme toujours;
mais il n'a pas pu profiter des lumières qui ont
jailli des discussions nouvelles ou des législations
voisines postérieures à ses publications.

Sous le titre modeste de *Préface* à son commen-
taire sur les priviléges et les hypothèques, M. Troplong a donné un travail que personne ne peut
avoir la prétention de dépasser; muni d'une science
malheureusement peu commune, d'une lucidité et
d'une force de pensée qu'il est difficile de combattre, d'un style si plein d'attraits, qu'il suffirait seul
pour populariser l'étude du droit, il y a de l'audace,
de la témérité à ne pas adopter tous les enseigne-
ments d'un homme qui, de son siége de magistrat,
a su s'élever, sur le seul piédestal de ses œuvres,
au rang des premiers jurisconsultes, des premiers
publicistes et des premiers écrivains philosophes.
La pensée s'élève et s'agrandit à la lecture de chaque page de cet immortel écrivain! Il est donc pénible pour nous de venir attaquer une seule des
idées de ce souverain de la science; c'est manquer
en même temps de respect et de reconnaissance;
mais nous ne pouvons cependant faire incliner
notre raison et notre logique, jusqu'à leur faire reconnaître cette incapacité absolue sur laquelle s'appuie M. Troplong pour demander le maintien de
la législation actuelle sur les hypothèques légales.

6.

En 1842, M. Pougeard, avocat à Bordeaux, publia une brochure sur l'amélioration du régime hypothécaire, qui nous a paru fort remarquable. Il démontre l'intérêt pressant d'une réforme, en se fondant sur l'immensité des capitaux qui sont placés sur hypothèque, quoique la valeur de ces placements soit aujourd'hui lettre-close pour la plupart.

Il cite avec à-propos les paroles de MM. d'Audiffret, Dupin et Persil, pour appuyer sa réclamation, qui n'est, il est vrai, qu'une voix, mais une voix puissante parmi toutes celles qui se sont élevées pour demander plus de sécurité dans l'hypothèque. Son ouvrage contient un précis historique d'une lucidité rapide que nous ne ferions ni aussi vif, ni aussi exact que M. Pougeard, à qui nous emprunterons du reste plusieurs arguments.

7.

Enfin, est venu l'ouvrage de M. Charles de Saint-Mexent, qui contient une discussion générale des questions hypothécaires. Cette œuvre est complète; elle s'appuie sur l'étude des législations comparées; elle est, sous tous les rapports, digne d'une grande attention.

8.

Après tous les auteurs que nous avons cités, comment nous serait-il permis de venir ajouter nos observations à leurs brillantes théories, si nous n'avions pas un système nouveau à exposer, si nous

n'espérions pas que la manière dont nous considé-
rons cette grande question aura peut-être le mérite
d'être une transaction entre deux principes qui se
disputent le pas avec acharnement, entre les nova-
teurs trop avancés et les esprits sages, mais timides,
qui ont peur de porter, par un changement quelconque, une atteinte préjudiciable aux droits des
femmes mariées. Nous aurons atteint notre but si,
par ce modeste écrit, nous pouvons contribuer à
une amélioration, en évitant la crise inséparable
d'un changement subit et général.

SECTI N Ire.

Des incapacités personnelles.

9.

La capacité personnelle existe de plein droit en
faveur de toutes les personnes majeures.

La majorité s'établit par l'acte de naissance;
mais cette capacité peut se modifier ou se perdre
par suite de la nomination d'un conseil judiciaire,
d'une déclaration d'absence, d'une interdiction,
d'une adoption ou d'une condamnation judiciaire.

Quel est le moyen de prévenir le public de la
privation partielle ou totale de cette capacité?

Quelques auteurs ont proposé de faire inscrire
les actes qui l'établiraient dans un bureau particulier, appelé *Conservation des droits personnels.*

Nous reconnaissons le mérite d'un lieu central
d'immatricule; mais la création seule de ce bureau,
est un nouveau rouage dont l'établissement, quelque utile qu'il puisse être, arrêterait long-temps
encore toutes les améliorations.

Un lieu d'inscription unique, dont les bras seraient assez puissants pour embrasser toutes les propriétés du sol français, ne nous paraît pas d'*un usage bien facile*, ni d'une indispensable nécessité.

Les assistances de conseil, les déclarations d'absence et les interdictions, sont toujours prononcées à la requête d'un héritier présomptif ou d'une personne intéressée à la conservation des biens de l'absent ou de l'interdit. Dans ces instances, il faut le reconnaître, le poursuivant est animé le plus souvent par son intérêt personnel, bien plus encore que par un sentiment de bienveillance ou de haute moralité. Il sait très-bien quels sont les biens de l'absent ou de l'interdit; l'héritier présomptif, le tuteur ou le conseil en connaît la consistance et la situation, puisqu'il est appelé à les surveiller ou à les administrer. Quelque soit le sentiment qui ait fait agir le poursuivant, il doit compléter son œuvre, ou la faire compléter par le tuteur, en la rendant publique par une inscription qui proclame l'incapacité reconnue dans tous les différents bureaux d'hypothèques dont dépendent les propriétés de l'incapable.

Le créancier ayant hypothèque judiciaire, est aujourd'hui dans une position bien moins favorable, puisque en général il n'est ni le parent ni l'allié de son débiteur, et il trouve bien les indications nécessaires pour prendre d'utiles inscriptions.

L'intérêt personnel, ce flambeau des esprits les plus ordinaires, que nous suivons toujours avec avidité, est un mobile assez actif; et le législateur peut sans crainte se confier à la sollicitude, à l'empressement des intéressés.

Lorsque l'incapacité résultera de condamnations judiciaires ou d'une adoption, nous trouverons encore des héritiers futurs, des intéressés directs

et vigilants qui auront l'aptitude et les renseignements suffisants pour ménager des droits même
éventuels, en faisant inscrire l'incapacité dans les
divers bureaux dont dépendraient les biens présents, et même dans ceux dont pourraient dépendre les biens à venir, et, dans ce dernier cas, à mesure qu'ils adviendraient. Il faudrait, il est vrai,
fixer un délai (d'un mois, par exemple), pour prendre cette inscription sur les biens nouvellement
échus, par préférence à tous autres.

On fait bien connaître aujourd'hui les dessaisis-
sements forcés par la transcription des saisies immobilières; pourquoi ne ferait-on pas connaître, de
la même manière, les incapacités personnelles,
cette expropriation du bon sens et de l'intelligence?
Les conservateurs soigneux ajoutent, sans une demande expresse, aux états d'inscriptions qui leur
sont réclamés, un extrait des transcriptions de saisies immobilières; c'est du moins ce qui a été fait
pour nous bien souvent par M. le conservateur de
Riom, dont le zèle et le désintéressement pourraient
être, avec grand avantage pour lui, mis en paral-
lèle avec la conduite de plusieurs de ses confrères.
Abrités derrière une garantie sérieuse, il est vrai,
bien des conservateurs inscrivent sur le même bul-
letin des inscriptions qui, évidemment, et aux
yeux des moins clairvoyants, ne concernent pas la
même personne. A cet égard, nous proposerons un
moyen qui, s'il est adopté, préviendra pour l'avenir
cet abus ridicule.

Nous ne voyons donc aucune impossibilité, aucune difficulté sérieuse *à exiger, dans l'intérêt des
tiers, l'inscription (ou, si on le préfère, la transcription) des divers actes ou jugements qui peuvent
créer des incapacités.* Une seule, celle qui frappe
la femme à son mariage et qui résulte de la puissance maritale, ne peut pas être comprise dans les

2

mesures que nous indiquons; mais elle est ordinairement si publique, qu'elle est peu dangereuse.

Nous ne nous occupons pas non plus du failli, parce que l'inscription prise par les syndics est un avertissement suffisant.

SECTION II.

De la Transcription.

10.

La nécessité de prescrire, dans l'intérêt des tiers, la transcription de tous les actes translatifs de propriété, a été reconnue sans hésitation par tous les auteurs, et notamment par M. Allemand, l'un des avocats les plus éclairés du barreau de Riom; les motifs qu'il invoque sont sans réponse, et il prouve que, si elle n'a pas été exigée par le code, c'est par omission plutôt que par suite d'une décision bien positive. Nous ne doutons donc pas aujourd'hui que ce principe salutaire ne soit inscrit en première ligne dans le projet de la commission.

On l'étendra aux contrats sous faculté de rachat, aux aliénations conditionnelles ou soumises à une condition résolutoire, aux droits d'usufruit, d'usage et d'habitation, aux baux dont la durée dépasserait dix ans, ou qui, sans atteindre ce terme, établiraient un paiement anticipé de plus d'une année. Le paiement opéré d'avance pour plusieurs années, n'est plus une garantie exigée par le propriétaire; il prend alors toutes les couleurs d'une fraude, que le législateur doit signaler au public.

Tout en exigeant la transcription à l'égard des tiers, les actes sous seing-privé et les actes publics non transcrits, continueraient d'avoir force entre les parties contractantes seulement.

La transcription étant un dessaisissement public, on ne devra accorder cette formalité qu'*aux actes authentiques et à ceux des actes privés dont la sincérité des signatures aura été reconnue en justice ou par acte public postérieur.*

Nous empruntons cette idée à l'article 556 du code russe, qui dit, avec raison, que les actes d'une véracité et d'une légalité incontestables, doivent seuls être transcrits.

Le bénéfice de cette transcription sera double; le vendeur aura le droit de résolution avant la transcription; et après, il aura son privilége qui sera assuré par l'inscription d'office, qui ne périmera que par trente ans. Les acquéreurs et les prêteurs n'auront plus alors à redouter le droit de résolution, car ils exigeront tous la transcription et par suite, l'inscription d'office qui en sera la conséquence. Le privilége et l'action résolutoire du vendeur peuvent donc être maintenus dans les limites que nous venons de tracer; mais avec la transcription nécessaire qui peut seule lever tous les obstacles. *Ainsi: avant la transcription, l'action résolutoire seule; après la transcription, le privilége seul, rendu public par l'inscription d'office.*

Le rapport des quittances ne suffira jamais pour abriter entièrement contre la voix résolutoire toujours menaçante. Je vends à Pierre le fonds A, Pierre me paie et je fournis quittance; il peut justifier de sa libération; mais, plus tard il me retrocède le même fonds A : que signifiera sa quittance contre une seconde aliénation que je puis tenir cachée, si je ne suis pas obligé de la faire transcrire? Que signifiera-t-elle encore, si après avoir payé le prix de la rétrocession qu'il m'a faite, je lui revends encore le même fonds A? Il aura alors la possession, la propriété même, une première vente de cet immeuble régulière, transcrite; il aura une quittance finale du prix de sa première acquisition; et cependant, j'aurai, moi, l'action résolutoire en vertu de la revente que je lui aurai consentie!

Ces circonstances ne sont pas imaginaires, elles sont à peu près consignées dans un jugement du tribunal de la Seine du 29 juillet 1820.

La transcription nécessaire enlève à la fraude toutes ses issues.

Faudra-t-il étendre la transcription aux transmissions à cause de mort, aux testaments, aux partages et aux licitations? Il nous semble qu'il serait utile d'autoriser cette mesure d'une manière générale sans la prescrire impérativement, pour les transmissions par succession seulement, pour ne pas anéantir la maxime nationale, le mort saisit le vif.

Les héritiers obtiendraient par cette transcription, les bénéfices attachés à une possession de bonne foi, et on y trouverait deux avantages incontestables :

1° Celui résultant de l'uniformité et de la généralité, deux des caractères essentiels à la loi;

2° Celui de faire connaître la généalogie des propriétés et de pouvoir en suivre toujours les traces.

Examinons si cette proposition est possible, et comment s'accomplirait la formalité dans les différents cas qui peuvent se présenter.

Les successions se transmettent de deux manières : Par la force de la loi, ou par testament.

La succession appartient à un seul ou à plusieurs.

Il y a des héritiers à réserve, ou bien il n'y en a pas.

Il y a quelques fois nécessité de se faire envoyer

en possession (art. 1008); mais cet envoi est souvent inutile (1006).

Dans tous les cas l'héritier (ou les héritiers) légitimes ou institués, réservataires ou non, qui voudraient régulariser leur position à l'égard des tiers, devraient faire dresser avant, ou même après le partage, mais toujours avant de pouvoir exiger la transcription, un acte de notoriété qui constaterait leurs droits et leurs qualités. Cet acte serait fait par six témoins lettrés.

Dans le cas *d'un héritier unique,* l'acte de notoriété serait homologué et transcrit avec le jugement d'homologation et le testament, s'il y en avait un.

Dans le cas où il y aurait plusieurs héritiers, le partage accompagné de l'acte de notoriété serait transcrit seul sans qu'il y eût alors besoin d'homologation, parce que la fraude est plus difficile quant il y a plusieurs intéressés.

Après cette transcription, les héritiers seraient considérés comme étant de bonne foi, et les personnes qui auraient traité avec eux auraient le même privilége. Cette investiture nous paraît suffisante. Un acte de notoriété est une base plus sûre que l'on ne pourrait le supposer d'abord, nous demanderions, à cet égard, qu'on nous signalât les abus qui ont eu lieu sur les transferts de rentes sur l'état, qui, à défaut d'autres titres, s'opèrent sur des certificats de propriété dont les actes de notoriété sont souvent le seul appui. Du reste, ces certificats publics sont plus difficiles à obtenir qu'on ne le pense, surtout de la part de personnes sachant signer.

SECTION III.

Des Priviléges.

11.

Les questions relatives aux priviléges seraient nombreuses et compliquées, si nous voulions entrer dans les motifs qui leur servent de base ; chercher à les classer entre eux, examiner les questions relatives au concours des divers créanciers privilégiés.

Nous n'aborderons pas ces questions, qui exigeraient des volumes : nous nous restreindrons au cadre d'observations que nous avons tracé.

Il existe aujourd'hui des priviléges généraux sur tous les meubles ;

Des priviléges sur certains meubles seulement ;

Des priviléges sur les immeubles ;

Et enfin des priviléges qui s'étendent sur les meubles et les immeubles.

Des Priviléges sur les Meubles.

12.

Les priviléges généraux sur les meubles s'exercent rarement. Les créances énumérées dans l'article 2101, n'ont pas besoin d'invoquer souvent le bénéfice qui leur est accordé ; du reste cet article est d'une précision et d'une lucidité qu'il serait difficile de remplacer avantageusement.

Les priviléges énoncés dans l'article 2102, nous paraissent aussi à l'abri de toute critique ; ils sont tous attachés à des positions qui commandent les égards que la sollicitude de la loi a consacrés à leur profit.

Les priviléges généraux sur les meubles et ceux sur certains meubles seraient donc conservés tels qu'ils sont établis, en ajoutant dans un article supplémentaire, suivant le vœu exprimé par plusieurs jurisconsultes, que dans le cas de concours et d'insuffisance, les créances énoncées en l'article 2101, auront la préférence sur celles cotées en l'article suivant.

Des Priviléges sur les Immeubles.

13.

Ils sont au nombre de cinq, qu'il faut réduire à trois ; car, ceux résultant des subrogations consenties, n'en forment pas de distincts.

Il nous reste donc celui du vendeur, celui du copartageant, et celui des architectes.

Le privilége du vendeur et celui du copartageant peuvent être assimilés : ils doivent jouir absolument des mêmes prérogatives, leur position est la même; car nous faisons abstraction des petites différences que la doctrine a créées presque à plaisir et sans fondements bien raisonnables; or, si l'on adopte la transcription comme nécessaire à l'égard des tiers, il faudra le faire d'une manière générale; de telle sorte, que si un acte non transcrit, ne peut pas être opposé aux tiers, de même et par une juste réciprocité, les tiers ne pourront jamais argumenter de cet acte, ni en tirer aucun avantage à leur profit.

Dans cette position, la question de savoir si l'action résolutoire sera maintenue, se trouve résolue d'elle-même, ainsi que nous l'avons déjà dit. Car, de deux choses l'une, le contrat translatif ou déclaratif de propriété sera transcrit, ou bien il ne le sera pas.

Dans le premier cas, s'il est transcrit, l'action résolutoire devient inutile, les droits des vendeurs et des copartageants se trouveront suffisamment garantis par l'inscription d'office qui aura été prise, et qui durera trente ans, c'est-à-dire autant que l'action.

En supprimant dans ce cas l'action résolutoire, on évite toutes les difficultés qui résultent de son exercice, et l'on anéantit un droit dont les motifs peuvent être contestés. Nous citerons avec plaisir ici ce que dit M. Pougeard : « Que veut le vendeur par l'action résolutoire? être réintégré dans son immeuble, comme si la vente n'avait jamais existé : mais alors vient un réglement toujours difficile à faire, en raison des dégradations, des améliorations, des à-comptes payés, de dommages-intérêts, etc. Si le vendeur a conservé son privilége, il peut obtenir sa réintégration par le simple exercice de l'action hypothécaire, en évitant tous les inconvénients attachés à l'action résolutoire, il fera vendre l'immeuble, et il s'en rendra adjudicataire. Il compensera le prix de son adjudication avec le montant de sa créance; la différence sera le réglement précis, et juste en même temps, entre lui et son acquéreur. On sait que, dans les deux cas, les droits de mutation doivent toujours être perçus à nouveau. Dirait-on que l'on oblige le vendeur à suivre une procédure plus coûteuse et plus compliquée? Cette objection, qui est peu grave, tombe même entièrement devant la simplification que vient de recevoir la loi sur la saisie immobilière. Aussi, lorsque le § II de l'article 672 de cette loi, a dit que si le vendeur se trouvait au nombre des créanciers inscrits, il serait sommé d'opter entre le privilége et l'action résolutoire, il ne nous semble pas avoir assez fait, le vendeur aurait dû être forcé de suivre l'effet de son privilége.

« Dire que le vendeur qui ne sera pas payé de
son prix pourra reprendre l'immeuble, c'est dire
une chose qui n'est nullement claire, soit en droit,
soit en équité. Les contrats ne peuvent se faire que
par le consentement réciproque des parties ; ils ne
peuvent se défaire que par le même consentement
réciproque. Le vendeur a consenti à aliéner son
immeuble contre une créance. Cette créance est la
nouvelle propriété qu'il lui a plu d'avoir, il l'a prise
avec les chances qui lui sont propres : quelle propriété n'en a pas ? C'est à lui de juger et de stipuler
les garanties au moment du contrat. Qu'il vienne
dire plus tard : Ma créance est mauvaise, je n'en
veux plus, je reprends mon immeuble; et que cela
soit juste et rationnel, c'est ce qui est fort contestable. On ne l'entendait point ainsi dans le droit Romain, le pacte commissoire n'était point de droit,
il avait besoin d'être stipulé, Le vendeur n'avait
que l'action personnelle *venditi* : il suivait la foi de
son vendeur ; *res ibat in creditum*. L'action résolutoire, introduite assez tard dans notre droit français, fut toujours repoussée par plusieurs parle-
ments, notamment par celui de Toulouse. »

Dans le second cas, si l'acte translatif ou déclaratif de propriété n'est pas transcrit, le vendeur
et le copartageant conservent l'action résolutoire;
mais les discussions ne peuvent s'élever qu'entre
le créancier et le débiteur, les tiers y seront toujours étrangers, la mutation n'étant pas complète,
n'existant même pas à leur égard, comme nous l'a-
vons dit, pag. 23, n° 15.

Il sera expliqué, au besoin, que les tiers pourront régulariser la position de leurs débiteurs, en
présentant eux-mêmes à la transcription les titres
des biens sur lesquels ils voudraient exercer leurs
droits. Du jour de cette transcription, l'action ré-

solutoire se perdra, mais elle sera utilement remplacée par l'inscription d'office.

Tout ceci nous paraît simple et d'une exécution facile.

Il nous reste à parler du troisième et dernier privilége sur les immeubles, celui des architectes.

On sait que relativement au concours des priviléges du vendeur et de l'architecte, il s'est élevé des discussions que nous ne ferons qu'indiquer. Les uns veulent donner la préférence au vendeur, d'autres à l'architecte, d'autres encore veulent faire supporter à chacun d'eux une part proportionnelle dans la perte; mais toutes ces théories manquent dans leur base.

M. de Saint-Mexent a traité ces questions avec une précision qui ne permet pas de réponse, et il conclut avec raison que ces deux priviléges ne peuvent jamais se rencontrer;

Que l'un, celui du vendeur, ne peut grever que la valeur représentative d'une maison avant les réparations; et que l'autre, celui de l'architecte, ne peut atteindre que la plus-value résultant des améliorations. Ainsi, au vendeur, la totalité du prix représentant la valeur de l'immeuble avant les constructions; à l'architecte, la totalité de la plus-value, et il ajoute, avec la force incisive de l'interrogation : « Est-ce que l'immeuble est devenu commun entre le vendeur et l'architecte? Est-ce qu'ils sont enchaînés l'un à l'autre par les liens de la solidarité? Est-ce que l'architecte serait bien venu à faire contribuer le vendeur à des dépenses improductives auxquelles il se serait livré, et qui n'auraient pas produit de plus-value? »

« Est-ce que, de son côté, le vendeur peut entamer la portion du prix de l'immeuble, exclusivement réservée à l'architecte? Est-ce qu'il existe une confusion possible entre des droits qui portent sur des objets distincts? Non, assurément. »

Si l'on conserve le privilége des architectes ou des entrepreneurs, la solution donnée par M. Saint-Mexent est la seule qui puisse être suivie, parce que c'est la seule qui soit juste.

Mais toutes les difficultés seraient résolues d'une manière tout aussi sage, sinon tout aussi équitable, par la suppression entière du privilége des ouvriers, qui ne leur est accordé que sous certaines conditions qu'il n'est guère possible d'exiger des propriétaires.

Qu'est-il arrivé? Le privilége est inscrit dans la loi, et, il faut bien l'avouer, il est fondé en justice et en raison; mais son exercice est assujéti à des formalités plus coûteuses, plus difficiles à obtenir que ne le serait une obligation hypothécaire; aussi, les ouvriers l'ont invoqué souvent sans avoir eu la précaution d'avoir satisfait aux prescriptions strictes qui leur sont commandées; nous avons vu bien des procès à cette occasion. Les créanciers hypothécaires comptaient sur la loi pour repousser les prétentions d'un entrepreneur négligent ou timide, mais dont les droits ne se trouvaient pas protégés par les formalités prescrites par le code. L'entrepreneur, de son côté, comptait sur la justice de sa cause malgré l'irrégularité de sa position, et le gage s'absorbait en frais.

Les entrepreneurs n'arriveront jamais à obtenir du propriétaire, qui peut choisir ses ouvriers, toutes les garanties portées par l'article 2103. Il serait donc peut-être convenable de suivre l'avis de M. Pougeard, que nous allons copier :

« Le privilége des entrepreneurs est accordé sous deux conditions :

1° De faire dresser procès-verbal de l'état des lieux avant les travaux; 2° de faire dresser un second procès-verbal pour la réception des travaux, dans les six mois de leur confection. Ces deux opérations doivent être faites judiciairement. Avec le temps et l'argent qu'elles coûtent, on aurait remonté une façade.

« Mais, après cette double procédure, qu'obtient l'entrepreneur ou l'ouvrier, sur quoi porte son privilége? Il se réduit à la plus-value existante à l'époque de l'aliénation de l'immeuble, résultant des travaux qui ont été faits. »

« Quel est l'ouvrier qui peut hypothéquer son vail sur la plus-value donnée à l'immeuble? Dans quel cas cette plus-value donnée sera-t-elle l'équivalent de la dépense? Ceux qui ont fait bâtir ou réparer peuvent répondre. »

« Qui réglera cette plus-value? qu'y a-t-il de plus incertain, de plus variable, de plus arbitraire, qu'une semblable fixation? Il faudra une troisième expertise, jugement, arrêt. Voici un procès qui peut durer plusieurs années ! »

« Aussi, n'ai-je jamais vu, pour mon compte, un pareil privilége régularisé. L'ouvrier qui se croirait obligé de lui demander son paiement, ne travaillerait pas, et il serait sage. »

« Le droit commun donne à l'entrepreneur et à l'ouvrier prudents un moyen beaucoup plus simple et beaucoup plus sûr; c'est de voir et de juger eux-mêmes : 1° quelles sont les charges dont l'immeuble est déjà grevé; 2° quelle sera sa valeur après la confection des travaux? et s'ils pensent qu'il y ait marge suffisante pour assurer leur paiement, de demander tout simplement une hypothèque préalable pour le montant des travaux à faire. Tout se trouve ainsi réglé sans frais et sans procès. »

Des Priviléges qui s'étendent sur les Meubles et sur les Immeubles.

14.

Ce sont, porte l'article 2104, ceux énoncés en l'article 2101.

On pourrait sans danger les restreindre aux valeurs mobilières. Les personnes qui ne sont pas riches, ont généralement peu d'immeubles. Comme ces privilèges sont tous fondés sur des motifs d'humanité, on doit se montrer sobre de critiques ; mais il ne faut pas cependant, par un sentiment de convenance qui serait peu logique, porter atteinte au grand principe de publicité, qui doit toujours dominer l'ensemble du système hypothécaire.

Ainsi, tout en conservant les droits des créanciers favorisés par les articles 2101 et 2104, *il serait utile de déclarer qu'ils ne prendront rang hypothécaire que du jour où ils auront été inscrits, même sans titre, et sauf justification ultérieure.*

Les dispositions de l'article 2095 se trouveraient modifiées, et personne ne pourrait se plaindre de l'obligation imposée par la loi, *de faire connaître un droit dont on désire user rigoureusement.*

M. de Saint-Mexent propose aussi l'inscription de ces privilèges ; mais il veut qu'il soit loisible aux créanciers de les inscrire d'une manière utile et privilégiée, jusqu'à la veille du jour où les immeubles seront adjugés.

Cette proposition est précédée de ces phrases :

« Quelque digne de faveur que soit leur cause, les privilèges généraux sur les meubles, et subsidiairement sur les immeubles, ne devraient jamais pouvoir s'étendre sur ces derniers, à moins de se présenter revêtus de la formalité d'une inscription. Pourquoi les auteurs du code civil, après avoir imposé au vendeur, au cohéritier ou copartageant, aux architectes, entrepreneurs, maçons ou autres ouvriers, aux créanciers et légataires, demandant la séparation des patrimoines, différents modes de publicité, qui tous aboutissent à une inscription, ont-ils jugé à propos d'en dispenser les créanciers à privilége général? En voilà, du moins nous le croyons, les véritables motifs.

« Les créances, énumérées dans l'article 2101, s'appliquent à des objets d'une modicité extrème, et ne peuvent jamais s'élever à un chiffre considérable. »

« D'un autre côté, puisque ces priviléges obtiennent la préférence sur les meubles, même vis-à-vis des créances accompagnées d'un gage spécial, on ne s'explique pas pour quelle raison les hypothécaires, qui après tout, ne sont nantis que d'un gage immobilier, pourraient prétendre à des garanties refusées aux créanciers gagistes de l'article 2102. »

« Malgré ces raisons plus spécieuses que solides, nous n'en persistons pas moins à soutenir que l'inscription doit devenir obligatoire pour les créanciers privilégiés généraux. »

« En effet, un grand principe, celui de la publicité, domine de très-haut tout l'ensemble du titre des priviléges et des hypothèques. Or, existe-t-il ici un motif grave, concluant, fondé sur des raisons d'ordre public, sur des incapacités constatées, avouées par la loi, de déroger à cette règle tutélaire, destinée à la fois à affermir et à étendre la puissance du crédit foncier? »

« Nous sommes loin de le penser; aussi insistons-nous, avec conviction, pour que nos législateurs s'appliquent à combler cette lacune, en décidant qu'à l'avenir les créanciers de l'article 2101, ne pourront conserver leur privilége sur la généralité des immeubles, qu'en les frappant d'une inscription qu'il leur sera loisible de prendre jusqu'à la veille du jour où ils seront adjugés ? »

Nous ne reconnaissons pas là le raisonnement, ordinairement si sûr, de M. de Saint-Mexent; car, si l'on adoptait sa proposition, et que l'on permit de prendre inscription jusqu'à la veille de l'adjudication, que deviendrait alors ce grand principe de publicité, sur lequel il appuie, lui-même, sa thèse?

On n'a vu que très-rarement produire à un ordre pour obtenir le paiement des créances qui nous occupent, il serait donc regrettable que pour obéir aux inspirations du cœur, on portât une atteinte grave aux principes, par un motif plus philantropique qu'utile.

Si l'on nous accusait de détruire ainsi ces priviléges, nous répondrions que, loin de les détruire, nous assurons leur efficacité; que nous les consacrons, en les réglementant, ce qui est loin de les méconnaître; et qu'ils auront, par leur inscription, une position bien plus favorable encore que celle que leur fait la loi actuelle, ou que leur faisait la loi Romaine. L. 7 et 9 C. *qui peticr, in pig.* L. 45. D. *de Relig. et imp. Funer.*

Une dernière observation est nécessaire, elle a pour but de faire restreindre le délai accordé par l'article 2111 aux créanciers et aux légataires. Cette innovation est convenable et sans danger; mais elle ne nous paraît pas digne d'un grand intérêt; c'est une question de temps et non de principe.

SECTION IV.

Des Hypothèques légales.

15.

Les questions relatives aux hypothèques légales des femmes et des mineurs, sont celles qui ont occupé le plus les auteurs.

Si l'on consulte les législations étrangères, on voit que c'est encore là que l'on rencontre les prescriptions les plus dissidentes.

Nous ne rappellerons pas les divers systèmes qui ont prévalu chez les autres peuples, la commission nommée pour reviser la loi hypothécaire, connaît toutes ces législations. Nous ne coterons pas non plus ici, les nombreux motifs sur lesquels chaque auteur fonde ses espérances pour obtenir les modifications qu'il réclame ; quoique plusieurs ne manquent ni de force ni d'attraits, ce serait une inutile superfluité. Nous aborderons de front le système de conciliation qui s'est présenté à notre pensée et contre lequel nous ne voyons pas d'objections que nous ne puissions combattre par les arguments en notre pouvoir.

L'idée première une fois émise, elle pourra être réchauffée par l'activité d'esprits plus ardents, fécondée par des éruditions plus profondes.

Des Hypothèques légales des Femmes.

16.

Nous voudrions que les hypothèques légales des femmes et des mineurs (mais des femmes et des mineurs seuls) existassent de plein droit et sans

inscriptions, comme il est prescrit par le code civil. Mais, nous voudrions en même temps : 1° une
voie économique et sûre pour les purger sur les aliénations ;

2° Un moyen légal d'en apprécier l'importance
lors des prêts hypothécaires.

Le premier de nos vœux est déjà rempli, dira-
t-on, le code civil et les avis du conseil d'état ou-
vrent cette large voie, mais les formalités prescrites nous semblent inutiles, peu convenables, sans
aucune sécurité, et surtout beaucoup trop coûteuses.

Le dépôt au greffe du contrat de vente est inutile ; on peut tout aussi bien se rendre chez le notaire détenteur de la minute, son étude est un lieu
public comme le greffe ; la disposition de l'article 2194 qui prescrit ce dépôt, est un souvenir su-
ranné de l'édit de juin 1771, qui s'est perpétué mal
à propos et qui s'est implanté dans le code où il est
un hors-d'œuvre.

La notification à la femme est peu convenable et
peu sûre ; et d'abord, un huissier est auprès d'une
épouse un assez triste ambassadeur ; ensuite, le
mari ou les gens de sa maison qui sont à ses ordres, peuvent avoir intérêt à ne pas remettre la
copie signifiée ; si cela arrive, (et ce n'est pas un
fait inouï), la purge peut-être enlevée frauduleu-
sement.

Le silence de la femme pendant soixante jours,
n'est encore qu'une présomption, et une présomption n'a jamais pu être mise en balance avec une
certitude ou une réalité. Permettez-nous donc
de rappeler ces mémorables paroles du premier
consul : « Les hypothèques de la femme seront
» bien plus certaines, si pour les conserver il lui
» suffit de ne pas y renoncer, que s'il lui fallait
» pour en obtenir l'effet agir et prendre inscrip-

3

» tion ; beaucoup de femmes (on peut dire toutes),
» refusent avec fermeté de signer tout acte qui
» peut compromettre leur dot ; bien peu sont capa-
» bles de faire des démarches, de conduire une
» affaire, de requérir même une inscription. »

Ne pourrait-on pas alors remplacer ce simula-
cre d'avertissement donné par exploit (et très-peu
convenable, quand il n'a pas été fourni d'abord
verbalement), par un avertissement réel, en disant,
que la femme, même mariée sous le régime dotal,
pourra renoncer par acte public à son hypothèque
légale sur le bien vendu par son mari, pourvu que
cette renonciation soit faite par elle, assistée de
deux de ses parents mâles à son choix, à défaut de
parents, de deux amis sachant signer, et au besoin,
si l'on ne croyait pas cette première assistance suffisante, d'un avoué, d'un avocat, ou bien *du juge
de paix du canton*, pris, l'un ou l'autre, comme
conseil éclairé?

Après qu'il se serait écoulé quinze jours à dater
de cette renonciation, sans que la femme eût fait
inscrire, ou qu'on eût inscrit pour elle son hypothèque légale sur les biens vendus, ils passeraient
à l'acquéreur affranchis de cette hypothèque.

Il nous est permis de penser que cette manière
de purger serait au moins aussi sérieuse que celle
qui existe aujourd'hui. Qu'aurait-on à craindre
avec les précautions d'assistance que nous indiquons , des faiblesses que l'on redoute tant, et que
l'on fonde sur l'incapacité *propter fragilitatem
sexus?* incapacité que nous n'avouons pas et qui n'est
ni de ce pays ni de ce siècle, comme le démontrent
fort bien M. Marcadé dans son remarquable com-
mentaire du code civil, et M. Pougeard, qui déclare avec raison qu'on ne connaît pas aujourd'hui
de sexe à l'intelligence? Cette renonciation serait
inscrite le plus souvent dans les actes de vente, et

la femme aurait quinze jours francs de réflexion,
pour prendre conseil ou se repentir. Son consentement serait sérieux, et inséré dans l'acte d'aliénation ; il n'en augmenterait les frais que des ho-
noraires qu'on attribuerait à l'homme d'affaires
qui assisterait à ce consentement et d'un droit fixe
de main-levée. Les formalités qu'il faut remplir
aujourd'hui pour purger les hypothèques légales,
ne peuvent pas être conservées ; elles sont impossibles pour tous les petits acquéreurs, qui sont.
cependant les plus nombreux. Les législateurs ont
déjà reconnu cette impossibilité, puisqu'ils ont
déclaré par la loi du 3 mai 1841, que l'état pourrait payer le prix des acquisitions qu'il ferait pour
son compte, sans accomplir les formalités de purge
légale, toutes les fois que la somme à payer ne dépasserait pas cinq cents francs. Cette loi s'exécute,
et MM. les payeurs ont des ordres à cet égard.
Que répondre à cela ? n'est - ce pas reconnaître
qu'il vaut mieux payer deux fois que de subir des
formalités reconnues si onéreuses, qu'elles devien-
nent impossibles ! Une acquisition de 500 francs
coûte aujourd'hui au moins 150 francs de frais, si
l'on purge les hypothèques légales , c'est-à-dire
30 p. o[o, et si nous faisons le calcul pour des ventes
plus faibles encore, la proportion marche dans une
progression ascendante ; c'est à faire répudier la
protection de la loi !

On ne peut laisser plus long-temps les avantages
résultant de la purgation de ces hypothèques ina-
bordables pour les trois-quarts des acquéreurs!
aussi, qu'arrive-t-il ? L'usage des hypothèques de
garantie exigées du vendeur, sont venues remplacer en France les *auctores secundi* du droit Romain.

Nous n'avons pas besoin de démontrer combien
cette habitude est déplorable et vicieuse ; on com-
prendra facilement quelle abondante source d'em-

barras doivent créer dans les ordres judiciaires et dans les affaires générales de celui qui en est grevé, ces hypothèques de garantie, souvent inutiles et presque toujours impérissables.

Les hypothèques légales inconnues, continueraient à se purger par une simple insertion dans les journaux comme cela se pratique aux vœux de l'article 683 du code de procédure et de l'avis du conseil d'état du 9 mai 1807 ; mais, les dépôts au greffe et les significations à la femme et au procureur du Roi, seraient supprimées pour ne pas reparaître.

Le morcellement de la propriété ne permet plus de longues et coûteuses formalités à prix fixe pour les ventes de 200 francs, comme pour celles de 100,000 francs.

Mais, si la femme ne veut pas donner de consentement, nous a dit quelqu'un ? Si elle refuse la mainlevée de son hypothèque, qui existera de plein droit ? Dans ce cas, les acquéreurs feront identiquement ce qu'ils font aujourd'hui, quand, pendant les délais fixés, il survient une inscription d'hypothèque légale, puisque l'hypothèque existera sans inscription.

Ces idées nous semblent bien simples, bien équitables, bien en rapport avec l'état de notre législation avancée, puisqu'elles reposent sur le consentement qui suffit seul aujourd'hui pour contracter les engagements les plus solennels.

17.

Le mariage se contracte par le consentement, sans aucunes formalités matérielles ou emblêmatiques. C'est le consentement qui crée tous les contrats chez les peuples civilisés, et il doit suffire.

En effet, la loi en consacrant notre volonté, ne fait que reconnaître notre liberté et rendre hommage à celle dont nous jouissons.

« Lorsqu'une nation est encore à son époque féodale (dit M. Troplong), et que l'idée abstraite de morale et d'équité n'a pas encore pénétré dans les profondeurs de la société, le législateur est obligé de frapper les sens grossiers de l'homme par des rites symboliques et des formes palpables, qui gravent dans sa pensée les actes de la vie civile, qui lui en rappellent l'importance, qui l'enchaînent aux obligations qui en découlent. Le droit n'est alors qu'une sorte de drame, où chaque contrat s'exprime par des solennités mimiques, des emblêmes, des paroles sacramentelles. »

Nous ne sommes plus aujourd'hui à cette époque d'enfance ou de féodalité, où le consentement a besoin d'une image pour se conserver, ou d'un monument brillant ou cristallisé pour le refléter à nos sens oublieux ou distraits.

La seule volonté, la seule affirmation *oui*, fait l'épouse;

Les déclarations seules constituent notre état civil, et le consentement donné d'une manière publique et authentique, en présence de personnes fermes, éclairées et intéressées, ne saurait affranchir un immeuble d'hypothèque, fixer valablement un chiffre de reprises? Nous ne pouvons le penser.

18.

Examinons maintenant l'incapacité fondée sur la faiblesse du sexe.

Nous comprenons combien il est difficile d'attaquer jusque dans leurs racines les idées qui, par de prétendues raisons d'état ou des préjugés, peut-être, ont fini par conquérir leurs lettres de naturalisation.

Mais, si les principes admis depuis long-temps, sont en opposition avec les lois générales et les besoins de la société, leur privilége d'ancienneté ne doit pas enchaîner notre raison, paralyser notre droit d'examen.

La conservation des dots est de droit public : elle intéresse l'état, dit-on.

Nous sentons que nous avons besoin ici d'un guide et d'un appui, et c'est Montesquieu que nous invoquons :

« Il ne faut point (dit-il) régler par les principes
» du droit politique les choses qui dépendent des
» principes du droit civil.

» Comme les hommes ont renoncé à leur in-
» dépendance naturelle pour vivre sous des lois
» politiques, ils ont renoncé à la communauté na-
» turelle des biens pour vivre sous des lois civiles.

» Ces premières lois leur acquièrent la liberté,
» les secondes la propriété. Il ne faut pas décider
» par les lois de la liberté, qui comme nous l'avons
» dit, n'est que l'empire de la cité, ce qui ne doit
» être décidé que par les lois qui concernent la pro-
» priété. C'est un paralogisme de dire que le bien
» particulier doit céder au bien public, etc. Cela
» n'a pas lieu dans le cas où il est question de la
» propriété des biens, parce que le bien public
» est toujours que chacun conserve invariable-
» ment la propriété que lui donnent les lois civiles.
» Cicéron soutenait que les lois agraires étaient
» funestes, parce que la cité n'était établie que
» pour que chacun conservât ses biens.

» Posons donc pour maxime, que lorsqu'il s'agit
» du bien public, le bien public n'est jamais que
» l'on prive un particulier de son bien, ou même
» qu'on lui en retranche la moindre partie par une

» loi, ou un réglement politique. Dans ce cas il
» faut suivre à la rigueur la loi civile, qui est le
» palladium de la propriété, etc. C'est là que doit
» triompher la loi civile, qui, avec des yeux de
» mère, regarde chaque particulier comme toute
» la cité même. »

Nous pouvons bien dire maintenant, avec Montesquieu, que les questions d'état et d'intérêt public sont hors de cause dans le débat qui nous occupe. Du reste, si la conservation de la fortune des femmes était d'ordre public, il faudrait que la loi fût si forte à cet égard que la dot fût toujours impérissable, ce qui n'est pas. Il faudrait que toutes les législations fussent conformes sur ce point; et cependant, toutes celles qui ont proclamé avec toutes ses conséquences le principe de publicité, et celle de la Hollande en particulier, sont des témoignages contraires que nous pouvons invoquer avec avantage. Il faudrait, enfin, rayer de notre code les dispositions relatives à la communauté; car, comment concilier les exigences du droit public avec la faculté si large, si générale, d'aliéner, qui est accordée à la femme; sous ce régime qui a été déclaré, avec tant de raison, le droit commun de la France.

« La communauté des biens introduite par les
» lois françaises entre le mari et la femme, est très-
» convenable dans le gouvernement monarchi-
» que; parce qu'elle intéresse les femmes aux af-
» faires domestiques, et les rappelle, comme mal-
» gré elles, au soin de leur maison. (Montesquieu.) »

Il n'y a pas accord entre le prétendu principe de droit public qui exige la conservation des dots et celui du régime de la communauté.

Le premier nous a été légué par la seule tradidition qui ne peut jamais servir, ni de prétexte, ni de raison, tandis que l'autre est passé dans nos mœurs et dans nos habitudes.

L'incapacité *absolue* de la femme mariée sous le régime dotal n'existe pas en général dans notre droit. Elle est démentie par les articles 56 et 124 du code civil; ce dernier article laisse une option qu'un incapable ne peut pas faire, à moins qu'on ne divise les facultés d'une femme mariée sous le régime dotal avec stipulation d'une communauté d'acquêts.

Les articles 141-148-151-219-220-230-231-344-362-507, peuvent être invoqués contre cette prétendue incapacité.

La femme remariée sous le régime dotal, peut être tutrice de ses enfants issus d'un premier mariage (art. 395 et 396); elle peut les gouverner, administrer leurs biens; elle est assez éclairée, assez forte pour les intérêts d'autrui, et elle serait entièrement incapable pour ce qui la concerne?...

L'art. 818 défend au mari de provoquer le partage des biens dotaux de sa femme sans son concours. Pourquoi ce concours, ce consentement de la part d'une intelligence condamnée?.....

La femme dotale peut tester (905); elle peut accepter une donation pour ses descendants (915); elle peut *seule* requérir la transcription d'une donation faite en sa faveur (940); inscrire son hypothèque légale (2194); elle peut donner, vendre, échanger, dans les cas prévus par les articles 1555-1556-1558-1559; acquérir et vendre sans formalités judiciaires dans le cas de l'article 1595; elle peut être mandataire (1990). Or, pourquoi tous ces pouvoirs à une incapacité absolue?.....

Le mineur peut-il tester avant l'âge de raison, 16 ans? Peut-il, requérir une inscription, accepter une donation?.....

Peut-il être exécuteur testamentaire? Peut-il ache-

ter et vendre comme le peut la femme dotale dans
le cas de l'article 1595 ?.....

Cette incapacité absolue n'existe donc, ni en fait,
ni en droit; et si nous croyons la femme mariée
moins prévoyante que nous, c'est peut-être parce
que nous avons un intérêt d'égoïsme à le penser,
pour la courber sous la puissance maritale.

Si elle n'agit point, ce n'est pas par défaut de
pouvoir, mais par défaut d'autorité.

Il y a incompatibilité, exagération d'un côté ou
d'un autre : c'est ce que nous examinerons rapide-
ment en parlant de la position actuelle des femmes
en France.

19.

Passons à l'argument fondé sur l'incapacité du
sexe, qui pourrait bien puiser aussi une grande
partie de sa force dans la tradition, cette conseillère perfide et dangereuse qui nous trouve en général si dociles, lorsqu'elle présente, comme dans
le cas qui nous occupe, un caractère d'ancienneté
et de généralité qui ne s'attache d'ordinaire qu'aux
idées empreintes de vérité.

La vieille maxime, qui veut faire de la conservation des dots une question d'état ou d'ordre public,
a survécu, parce qu'elle était vraie dans son temps;
elle avait alors toute sa force, toute sa puissance,
parce qu'elle avait son origine dans la constitution,
et qu'elle conservait encore toutes ses rigueurs,
tous ses motifs, toutes ses conséquences, tous ses
satellites nécessaires.

Elle était utile, assise sur des bases sûres, tant
que la position des femmes est restée ce qu'elle était
à Rome ou dans les pays de droit écrit.

Elle était nécessaire, tant que l'organisation sociale a reconnue une aristocratie conservatrice peut-

être, grande souvent, mais qui exigeait des lois exceptionnelles.

Elle était forte, tant qu'elle a pu s'appuyer sur le droit d'aînesse, sur les substitutions, lois que l'on croyait aussi inflexibles, et qui ont disparu, quoiqu'elles fussent alors fondées sur des raisons d'état. C'est que les mœurs et l'organisation sociale ont changé.

Les principes qui consacraient les priviléges attachés à la primogéniture et l'inaliénabilité des fonds grevés de substitution ont été méconnus plus vite, parce qu'ils étaient plus essentiellement politiques. La conservation de la dot a survécu, parce qu'elle touchait de moins près à la constitution, et qu'elle s'est abritée derrière un intérêt de famille.

Examinons si cette exception est encore dans nos mœurs, dans les besoins légaux de la famille.

La position sociale des femmes est-elle en France ce qu'elle était autrefois, à Rome par exemple? Nous ne le pensons pas, et personne ne nous contredira sur ce point. Car, à Rome, comme chez les Germains, mariées, veuves ou filles, les femmes étaient toujours en tutelle.

« La femme, dit M. Pougeard, n'est plus aujourd'hui ce meuble de la maison que Caton prêtait à ses amis, et que l'on pouvait perdre ou acquérir par une possession annale. La dispense d'inscription qui lui est accordée sur une présomption de sujétion et de dépendance, est une vieille tradition des temps païens, démentie par les faits de notre société chrétienne. »

Du rôle de première ménagère, disons mieux de première esclave, elle s'est élevée successivement jusqu'à celui de première conseillère, de prêtresse de la famille; *sa position sociale* n'est donc plus la même, considérons-la relativement aux biens.

20.

A Rome, en France, dans les pays de droit écrit, quelle était la position des femmes relativement aux biens de la famille?

Elles n'y prenaient rien, ou presque rien. « On conçoit alors, dit M. Marcel, la pitié de la loi pour ses victimes. Le peu que la loi laisse aux femmes, elle veut le mettre à l'abri des événements; son rôle est celui du bienfaiteur qui, en assurant des aliments, les déclare insaisissables.

Le tribunal d'appel de Montpellier demandait à hauts cris le régime dotal, mais en même temps il voulait laisser aux ascendants la libre disposition des deux tiers de leurs biens (observ. du trib. de Montpellier; Fenet, t. 4., p. 452 et 518), il voulait que les pères et les mères fussent obligés de doter leurs filles. (Ibid., p. 425 et 540.) Ces propositions révèlent tout le système des lois romaines et des pays de dotalité. Dans ce système, si faussement présenté comme ayant pour principe l'intérêt des femmes, voici la génération des idées : La loi fera passer dans les mains des enfants mâles la majeure partie du patrimoine du père de famille; toutefois, comme il faut que les filles se marient, le père sera tenu de les doter; la dot sera peu de chose, et rien ou presque rien ne sera réservé aux filles dans la succession, mais l'aumône de la loi sera chose sacrée, la loi en déclarera l'inaliénabilité.

De la révolution, date une ère nouvelle pour les femmes des pays de dotalité. Une loi plus conforme à la nature appelle toutes les Françaises au partage par égalité. La loi qui prohibe l'aliénation ne se trouve plus en harmonie avec ce nouvel ordre de choses. Ce ne sont pas aujourd'hui quelques rentes, ou tout au plus quelques parcelles de terre, que le régime dotal soustrait à l'aliénabilité, c'est un quart, un tiers peut-être du territoire, dans les pays où les habitudes ont conservé le régime dotal. Singulier résultat de la législation nouvelle, qui, en effaçant une injustice, produit un mal d'une autre nature, celui d'arrêter le mouvement de la propriété, cet élément si puissant des améliorations. Est-ce donc ainsi que le code civil accomplit son apostolat civilisateur? »

Il est difficile de concilier cette protection pour la dot même mobilière, si gênante dans les affaires ordinaires, et cependant, il faut bien le dire, impuissante devant la fraude ou la mauvaise foi (car bien des dots se perdent), avec la générosité ou l'équité de la loi actuelle, qui appelle les femmes à un partage par égalité.

Où sera maintenant cette garantie tant désirée, si nécessaire pour les femmes qui sont plus riches que leurs maris? Comment trouvera-t-on la sécurité demandée par l'intérêt public, avec des maris qui n'ont pas une parcelle de terre, et dont la fortune considérable est souvent toute mobilière?

Plus nous pousserions nos arguments dans cette voie, et plus la contradiction ressortirait saillante. Nous arriverions jusqu'à l'impossibilité, si nous voulions aller jusqu'à demander la défense des mariages des femmes riches avec des maris dont la fortune immobilière ne pourrait pas garantir leurs dots.

Mais, la raison s'éclaire plus vite encore par la réflexion que par les raisonnements; il est donc superflu de chercher à démontrer plus long-temps que la dot mobilière et fongible, se perd souvent, et *se perdra toujours*, quand le mari voudra la consommer, malgré toutes les précautions de la loi.

Les choses fongibles sont destructibles par leur

nature, et il n'est pas au pouvoir du législateur de modifier la nature des choses humaines.

21.

On a dit souvent : Faut-il que les prêteurs, qui peuvent dicter la loi du contrat, soient traités plus favorablement que les femmes et les mineurs, qui ne peuvent pas se défendre?

Voici les termes auxquels la discussion fut toujours ramenée au conseil d'Etat, et c'est encore ainsi que la pose M. Troplong.

Réduite à cette question, la réponse ne peut être évidemment douteuse; mais cette préférence doit-elle aller jusqu'à l'injustice? doit-elle autoriser la fraude, protéger le mensonge, effacer le crime résultant d'une déclaration entâchée de stellionnat, faire considérer le faux en écriture publique comme une petite faiblesse bien excusable? Toutes les réponses aux questions que nous venons de faire ne sont pas non plus douteuses; et cependant la loi autorise ou pardonne, dans tous ces cas, la femme mariée sous le régime dotal.

La femme dotale est-elle donc naturellement plus innocente, plus faible, plus inhabile, plus excusable, que la femme mariée en communauté, que la fille, ou la veuve?

Nous ne comprenons déjà plus ces distinctions entre les capacités naturelles d'une femme et d'une autre femme, et nous doutons que qui que ce soit puisse en trouver une reposant sur un motif plausible. Il faut donc revenir aux véritables principes : un crime est toujours un crime, un délit, toujours un délit, et l'un et l'autre sont punissables quand ils ont été commis avec préméditation, par une femme dotale ou commune, par une fille ou une veuve, voire même par une mineure, lorsque l'âge était suffisant pour indiquer qu'il y a eu de sa part préméditation et connaissance du mal.

Qui voudra dire, qu'une femme dotale n'a pas compris qu'elle faisait une mauvaise action, en affirmant sciemment que ses reprises s'élevaient à 2,000 fr., par exemple, quand elle savait qu'elles atteignaient une somme dix fois plus forte?

Qui voudra se créer le défenseur officieux de ces autres femmes qui, par un concert frauduleux avec leurs maris, se présentent pour emprunter avec lui, en attestant qu'elles sont mariées sous le régime de la communauté à défaut de contrat de mariage, et qui répondent ensuite à une sommation de paiement, en se retranchant derrière une incapacité et une inaliénabilité constatées par un contrat de mariage, qui paraît alors pour la première fois?

C'est bien le cas de s'écrier, avec M. Pougeard, dont nous parlerons encore tout à l'heure, pour qui sont faites les cours d'assises?

On aura beau invoquer la fragilité du sexe, nous soutiendrons, avec toute la vigueur de notre raison, que si la femme échappait, par suite de l'inaliénabilité de sa dot, à la perte de la partie non déclarée par elle lors d'un prêt hypothécaire, ou aliénée sous la foi d'une communauté résultant de l'absence de toutes stipulations matrimoniales, elle ne devrait pas échapper du moins, à l'action en dommages et intérêts que la victime de son stellionnat devrait (et doit, à notre avis), autoriser contre elle.

La dot n'est pas inaliénable, lorsqu'il s'agit de réparer un méfait, un délit. (Rouen, 12 janvier 1822; Gaillard, 28 août 1827, Nîmes, Sirey, 28, 2, 200.) Or, le stellionnat n'est-il pas au moins un délit?

Mais, dira-t-on, vous détruisez la dot et son caractère!

Nous ne détruisons ni la dot, ni la sécurité qui y est attachée; mais nous faisons céder cette sécurité devant un principe de bonne foi, qui doit dominer toutes les conventions sous peine de les annuler.

Nous accordons à la vérité, à la bonne foi, la prééminence sur le mensonge, sur la fraude, et ces principes sont de toutes les législations, comme de tous les siècles.

Le régime dotal et l'hypothèque légale des femmes sont de bonnes, d'excellentes précautions à conserver, pour sauver des prodigalités d'un époux, la fortune de la femme *de bonne foi;* mais ces règles exceptionnelles n'ont pas été créées pour servir de palladium à l'injustice. Il ne faut donc pas que les précautions de sagesse, aillent jusqu'à l'extrémité fâcheuse de rendre le vol légal ou de favoriser la friponnerie.

Le mal n'est point dans le régime dotal ni dans le bienfait des hypothèques légales; il est dans l'abus que l'on fait de ces principes, et c'est cet abus qu'il faut réprimer.

S'il n'y avait pas de peines contre le vol, il faudrait en créer. Eh bien! le vol légal des femmes dotales, que l'on nomme stellionnat, n'est point puni; il existe cependant, il est reconnu, et c'est la peine due à ce crime que nous demandons.

Nous ne la voulons ni grave, ni infamante; qu'elle soit égale à la perte que la faute a pu faire subir; qu'elle soit une juste réparation, dont l'équité est écrite dans toutes les lois les plus anciennes, les plus simples, les plus naturelles.

La loi des douze tables, en proclamant la peine du talion, reconnaissait cette vérité, que l'on rencontre partout : « *Tria sunt præcepta juris; honestè* » *vivere, alteram non lædere, suum cuique tribuere.*

« Parmi les devoirs absolus qui obligent tous les

» hommes (dit Pufendorf), il faut mettre au pre-
» mier rang les deux maximes suivantes :
» Ne faire de mal à personne.
» Réparer le dommage que l'on peut avoir causé.
» Si l'on a fait du mal ou si l'on a causé du préju-
» dice à autrui, de quelque manière que ce soit,
» qui puisse légitimement nous être imputé, on
» doit le réparer autant qu'il se peut.
» Tout fait quelconque de l'homme, qui cause à
» autrui un dommage, oblige celui par la faute de
» qui il est arrivé, à le réparer (art. 1382, C. C.). »

Les principes d'éternelle justice que nous venons
de rappeler, ne sont-ils pas violés tous les jours
par les femmes dotales, qui peuvent se jouer sans
aucun danger, et comme à plaisir, de toutes leurs
obligations, de toutes leurs déclarations solen-
nelles ?

Mais, si les femmes ne peuvent se défendre, ce
qui nous semble inexact, comment peuvent donc se
garantir les victimes nombreuses que vous leur sa-
crifiez de si bonne grâce ?

A qui la faute, dans l'exemple suivant, que nous
empruntons à M. Pouffeard? Sous quelle égide pouvaient s'abriter, dans ce cas, la confiance et la bonne
foi, ces deux vertus civiles dignes aussi de la protection de la loi !

« Une femme vend tous ses immeubles à dix ac-
» quéreurs, en déclarant dans chaque vente qu'ils
» sont aliénables, parce qu'elle s'est mariée sans
» contrat de mariage, puis, après avoir touché le
» prix de toutes ces ventes, elle produit un contrat
» de mariage, qui prouve que tous ses biens étaient
» dotaux; elle garde les prix, dépossède les acqué-
» reurs, et après une lutte de dix ans, elle les laisse
» écrasés sous une masse de frais. »

Nous avons vu deux époux, simples cultivateurs,
plus prévoyants encore, et nous pourrions citer

leurs noms et leur domicile ; ils avaient fait deux contrats de mariage, chez deux notaires qui ne résidaient pas dans le même canton : le premier était sous le régime de la communauté, et le second sous le régime dotal : Ils présentaient alternativement l'un ou l'autre, suivant les circonstances. Cette fraude a bien été découverte, mais un peu tard pour les victimes.

Il serait bien facile d'arrêter ces manœuvres, en ordonnant que, lors de la célébration civile, les mariés seront tenus de déclarer s'ils ont fait ou non un contrat de mariage, et d'indiquer, en cas d'affirmative, le nom et la résidence du notaire détenteur de la minute, ainsi que la date de l'acte. Cette déclaration serait obligatoire, et les tiers pourraient alors être édifiés, en exigeant la représentation de l'acte de célébration civile qui fournirait un renseignement légal.

On pourrait multiplier les exemples, non pas en les imaginant (Dieu nous garde de fournir jamais un bouclier aux méchants), mais en les prenant dans nos recueils de jurisprudence, qui, à l'égard des fraudes employées avec succès par les femmes dotales, nous sembleraient un livre digne d'être mis à l'index, s'il n'était pas spécialement destiné aux hommes d'étude.

22.

La dot mobilière est-elle bien inaliénable en France ?

Nous ne connaissons pas un article de loi qui étende jusqu'aux valeurs mobilières, les rigueurs du régime dotal ; car l'article 1554 du code ne parle que des immeubles.

Cependant, plusieurs arrêts de cours royales et un arrêt trop célèbre de la cour de cassation du premier février 1819, ont décidé que le mobilier dotal était inaliénable, aussi bien que les immeubles.

Les motifs de cet arrêt de cassation n'ont pas été adoptés par la doctrine. MM. Toullier et Duranton les ont accablés d'observations critiques si puissantes, qu'il nous est bien permis de penser que cette jurisprudence ne peut faire prévaloir pour toujours un principe aussi étranger à la loi actuelle, qu'il l'était à la loi Romaine et à la législation française antérieure au code, surtout dans les provinces où la loi *julia* avait été abrogée par la déclaration du 21 avril 1664.

23.

La femme n'est pas incapable; elle peut avoir besoin d'un conseil, et voilà tout.

Elle n'est pas excusable si elle commet un stellionnat, et ses biens, même dotaux, doivent répondre de ses délits et de ses crimes.

L'Etat n'est nullement intéressé dans cette question.

Enfin, la dot mobilière ne peut pas être considérée comme inaliénable, soit par sa nature, soit d'après les principes de la législation.

Nous ne voyons donc aucun inconvénient à autoriser les femmes mariées, même sous le régime dotal, à consentir valablement, avec les assistances de protection que nous avons indiquées, la mainlevée partielle ou totale de leur hypothèque légale.

Fixation.

24.

Si l'idée, que nous venons de développer, était assez heureuse pour résister aux critiques qu'elle est appelée à subir et aux sages réflexions de la commission, nous aurions fait un grand pas.

Qui nous empêcherait alors de suivre cette voie déjà connue, en déclarant que lors des emprunts hypothécaires faits par leurs maris, les femmes mêmes dotales, pourront avec les assistances protectrices et plus que suffisantes que nous avons demandées, fixer d'une manière légale et impérieuse pour elles, le chiffre de leurs reprises et l'importance de leur hypothèque.

Le prêteur calculerait la valeur de son gage sur l'excédant, et personne n'aurait à se plaindre. Nous ne voyons pas dans cette fixation légale plus de dangers que dans la main-levée par consentement, surtout avec le concours des mêmes protecteurs. Tous les motifs donnés pour la main-levée s'appliquent également à l'acte de fixation des reprises.

L'indication précise d'un chiffre de créance n'est pas impossible : la femme, et au besoin ses parents, savent très-bien à quelle somme il peut s'élever ; et qui empêchera d'ailleurs, de fixer toujours un chiffre assez fort, lorsque la fraude ne viendra pas apparaître en se cachant cependant dans l'ombre, son atmosphère habituelle ?

Cette fixation n'est pas impraticable aux yeux du législateur qui autorise déjà la réduction des hypothèques générales et légales par l'article 2161 du code civil ; or, pour restreindre, il faut apprécier ; pour apprécier, il faut connaître.

Cette impossibilité factice cesse bien après la dissolution du mariage, après la séparation de biens, pourquoi existerait-elle auparavant ? Comment apprendrait-on subitement et comme par intuition le lendemain ce qu'on ignorait complétement la veille ?

Les femmes connaissent leurs fortunes et leurs

droits lorsqu'elles le veulent : interrogez-les, et pas une n'ignorera le montant de ses apports dans la maison conjugale; cette impossibilité n'est donc pas une raison, ce n'est qu'une pauvre excuse.

Mais, dira-t-on, si la fortune de la femme augmente après cette fixation, son hypothèque légale pourra être, sinon perdue, au moins sensiblement atténuée par l'importance de l'inscription conventionnelle antérieure, prise sous la foi d'une déclaration légale et irrévocable à l'égard des tiers.

L'hypothèque même légale, n'est que l'accessoire d'une créance, et l'accessoire ne peut devancer le capital. L'article 2135 C. C. le reconnaît.

« La femme n'a hypothèque pour les sommes » dotales qui proviennent de successions à elle » échues ou de donations à elle faites pendant le » mariage, qu'à compter de l'ouverture des succes- » sions ou du jour que les donations ont eu leur » effet. Elle n'a hypothèque pour l'indemnité des » dettes qu'elle a contractées avec son mari, et » pour le remploi de ses propres aliénés, qu'à » compter du jour de l'obligation ou de la vente. »

Du reste, nous répondrions simplement à cette objection. Que devient le mérite d'une hypothèque légale après une réduction prononcée en vertu de l'article 2161, si les biens sur lesquels elle a été restreinte sont insuffisants pour garantir des sommes arrivées plus tard?

Qu'arrive-t-il, lorsque l'hypothèque légale est mal à propos restreinte par le contrat de mariage? Quel recours conserve la femme, lorsqu'elle laisse purger son hypothèque sur les ventes que son mari a consenties de la totalité de ses biens?

La réponse est bien simple; la position de la femme est alors absolument semblable à celle qu'elle aurait eue, si son mari n'avait jamais possédé d'immeubles. Et, nous l'avons dit, on ne peut pas défendre aux femmes, même jalouses d'une interdiction perpétuelle, de se marier avec un homme qui aurait peu ou point d'immeubles.

La fortune de la France est aujourd'hui plus mobilière que foncière; il faut le reconnaître, sous peine de se soumettre aveuglément à cette cruelle et fâcheuse tyrannie qui veut détruire les mœurs et les nécessités sociales pour rendre hommage à de vieilles idées traditionnelles ou coutumières.

Le père timide et qui désirerait toutes les rigueurs de l'inaliénabilité n'aura pas à se plaindre de l'adoption des changements que nous venons de proposer; car, s'il était troublé par la sollicitude paternelle ou par les incertitudes de conservation et de prospérité qui retiennent quelques fois la main généreuse du donateur, il pourra abandonner des immeubles qui offriront toujours par leur nature une garantie réelle d'inaliénabilité, ou stipuler que la dot mobilière ne sera exigible qu'après un emploi foncier.

La rente sur l'état, les actions sur la banque de France, etc., offriraient encore des garanties suffisantes pour toutes les valeurs que l'on voudrait protéger contre l'aliénation ou la consommation.

Les volontés de tous seraient alors mieux accomplies; les dots seraient plus rigoureusement conservées qu'elles ne le sont aujourd'hui; les propriétés des maris seraient rendues à la libre circulation et les prêteurs n'auraient plus à rejeter sur les vices de la législation, mais bien alors sur leur seule imprudence, les pertes que leur occasionne, si souvent, l'état actuel du système qui ne leur permet pas d'apprécier l'importance des hypothèques légales des femmes.

A chacun suivant ses œuvres. Voilà la véritable fin de notre pensée qui s'appuie sur le seul consentement : dépouillée de toutes formalités substan-

tielles et rigoureuses, elle pourra paraître insuffisante parce qu'elle est d'une simplicité bien sévère
auprès des formalités en usage. Cette simplicité
est cependant puisée dans la nature des choses humaines et des droits de chacun, qui n'ont rien de
compliqué ni d'embarrassé, lorsqu'on les examine
sans le prisme des idées acquises et en surprenant
la nature et l'équité dans leurs premiers enseigne-
ments.

La femme pourra-t-elle jamais se plaindre des
suites de sa propre déclaration, faite d'une manière
authentique lorsqu'elle était soutenue, conseillée,
protégée contre l'influence maritale?

Elle ne saurait le faire sans avouer qu'elle a été
complice d'une collusion frauduleuse, bien plus
que victime d'une innocente faiblesse. Du reste,
nous ajoutons beaucoup aux garanties qui leur
sont assurées et nous n'en diminuons aucune; on
s'en convaincra, en examinant ces observations
avec attention.

Des Mineurs.

25.

Une première observation nous semble utile;
avant de s'occuper de la reddition des comptes de
tutelles et des garanties qui doivent assurer le
paiement du reliquat, il serait convenable de prendre des mesures pour connaître le chiffre des valeurs touchées par le tuteur. C'est là, peut-être, la
première lacune; car, combien de tuteurs pren-
nent l'administration des biens de leurs pupilles,
sans inventaire préalable et sans aucun acte de
chargement qui puisse y suppléer?

Cette question est étrangère aux principes qui
nous occupent, nous ne faisons donc que l'indi-

quer, pour démontrer combien les précautions sévères prises à l'égard des hypothèques des mineurs,
peuvent être cependant infructueuses. Car, que
sert d'assurer si rigoureusement le paiement,
quand la créance est elle-même incertaine?

26.

La position des mineurs est une exception tem-
poraire qui mérite toute la sollicitude de la loi, et
si nous avons contesté l'incapacité du sexe, *propter
fragilitatem sexus*, nous nous empressons de reconnaître l'incapacité de l'âge, *propter fragilitatem ætatis.*

Les hypothèques légales des mineurs sont, du
reste, beaucoup moins dangereuses que celles des
femmes, parce qu'elles se prêtent moins à la fraude.
Un mari augmente sans perte bien sensible pour
lui et toujours sans regrets, le montant des reprises de sa femme ; le tuteur ne se prêtera jamais à
cette combinaison, surtout lorsque le pupille ne
sera pas son descendant.

Cette hypothèque est moins habituelle, moins
commune, elle a une limite légale, la majorité;
elle est donc moins à craindre et plus digne de
faveur.

Elle continuera à exister de plein droit et sans
inscription.

De sa Purgation et de sa Réduction.

27.

Le tuteur peut déjà faire restreindre l'hypothèque légale du mineur (article 2161). Il continuera
d'avoir la même faculté et les choses resteront dans

l'état actuel quant au fond du droit. Mais, nous voudrions un changement quant à la manière de procéder pour arriver soit à la restriction de l'hypothèque, soit à sa purgation; car, ce que nous avons dit sur les formalités onéreuses actuelles en parlant du mode de purger aujourd'hui l'hypothèque de la femme, s'applique avec les mêmes raisons à celle du mineur.

L'uniformité de la législation rendrait aussi nécessaire la modification que nous allons proposer.

Ne serait-il pas convenable, de suivre encore notre première pensée et de déclarer :

Que l'hypothèque légale des mineurs se purgera à l'avenir par le consentement que devra donner à sa radiation le subrogé-tuteur, après y avoir été autorisé par la majorité du conseil de famille?

L'hypothèque ne serait définitivement rayée, que si elle n'était pas réellement inscrite dans la quinzaine qui suivrait ce consentement; car, nous voulons encore donner au subrogé-tuteur et à la famille entière, ce délai, pour réfléchir ou se repentir.

Aujourd'hui, le subrogé-tuteur est seul prévenu par la notification qui lui est faite; dans le système proposé, le conseil de famille tout entier serait prévenu et devrait autoriser le subrogé-tuteur à consentir la main-levée partielle ou la réduction. Nous ajoutons donc ici aux garanties déjà existantes en faveur des mineurs.

La fixation de l'importance de ces hypothèques s'opérerait de la même manière, et si après une fixation contradictoire et légale à l'égard des tiers, le mineur devenait plus riche, qui empêcherait le conseil de famille d'ordonner un emploi de cet excédant, jusqu'à ce qu'on lui justifierait du paiement de la somme qui aurait été prêtée sous la foi d'un chiffre fixé antérieurement par lui.

Nous répéterons ici, ce que nous avons déjà dit à l'égard des femmes, l'indication d'un chiffre n'est pas impossible, puisque la loi actuelle autorise la réduction qui ne peut avoir lieu qu'en connaissance de cause. Du reste, nous renvoyons aux motifs déjà énoncés.

Du jour où l'on adopterait ce système, nous demanderions une garantie de plus pour le mineur : *Le tuteur ne recevrait seul que les revenus;* il ne pourrait quittancer les capitaux qu'avec l'assistance et sous la surveillance du subrogé-tuteur. L'exécution de cette condition ne souffrirait aucune difficulté; les débiteurs des mineurs s'inquiètent et s'étonnent chaque jour de l'absence des subrogés-tuteurs, lors des versements qu'ils opèrent; ils tremblent pour eux sans raison, mais non pas sans motifs louables pour les intérêts du mineur, dont les droits nous semblent assez compromis, lorsque sans inventaire préalable, le tuteur touche sans quittance publique, voire même privée, le montant de promesse ou de simples billets. En effet, le tuteur rend alors le titre que le débiteur détruit, il encaisse la somme; mais où est la trace de ce paiement?

Il y a quelque chose à ajouter à cet égard : une peine sévère pour le défaut d'inventaire serait sans intérêt pour un mineur dépouillé, et sans recours utile contre son tuteur insolvable.

L'intervention, la surveillance du subrogé-tuteur, lors des remboursements des capitaux, peut empêcher les détournements ou les mauvais placements; et ne vaut-il pas toujours mieux prévenir le mal que de le réprimer!

Il nous semble, ou nous nous trompons fort, que dans les quelques modifications que nous proposons à l'égard des hypothèques des mineurs, nous avons été pour eux, plus vigilants qu'hostiles,

tout en conservant l'uniformité du système de conciliation que nous avons adopté.

Ces considérations n'ont pas du reste le mérite
de la nouveauté, c'est la théorie consacrée par le
code civil toute entière, moins les jugements et les
frais qui en résultent.

C'est le consentement mis à la place des formalités coûteuses et symboliques : c'est la réalité demandant la préférence sur la présomption.

Si donc, elles trouvaient un puissant patronage
au sein de la commission, nous avons la confiance
que bien des esprits seraient satisfaits par la déclaration que les hypothèques légales existeront indépendamment de l'inscription, et que bien des exigences seraient calmées, en apprenant, en même
temps, que ces mêmes hypothèques légales pourront être purgées à peu de frais sur les aliénations,
légalement appréciées lors des prêts hypothécaires.

Et en définitive, les prêteurs sont aussi dignes
que les acquéreurs des faveurs de la loi; les prêts
sont aussi nécessaires en France que les aliénations, et nous ne sommes plus au temps où le nom
de créancier était le synonyme trop exact de celui
d'usurier.

Des Interdits.

28.

Les interdits sont souvent plus à plaindre qu'à
blâmer, et nous ne voudrions pas, cependant, leur
accorder une hypothèque qui pût exister sans publicité.

Il semble d'abord qu'il y ait une contradiction
choquante à dispenser les mineurs d'inscriptions
et à ne pas accorder le même avantage aux interdits; mais, cette contradiction s'efface, si l'on considère les différences entre les deux positions.

La minorité est un fait indépendant de toute volonté, de toutes poursuites; l'interdiction est la suite d'un jugement qui reconnaît le fait sur la demande d'un poursuivant qui a toute la capacité désirable pour prendre ou faire prendre inscription. Nous avons traité cette question au titre des incapacités personnelles.

L'hypothèque légale de l'interdit est la plus dangereuse : il est souvent enfermé dans une maison de santé, et son existence même est un problême dans son propre pays, quand la séquestration a duré quelque temps.

L'interdiction est souvent le résultat de l'inconduite, et les mille raisons qui militent en faveur du mineur qui a tout un avenir devant lui, ne sont pas du tout applicables à l'interdit, qui est dans une position sans espoir s'il est dans un état d'imbécilité, ou bien près de la tombe, s'il est dans toute l'exaltation de la folie.

29.

L'état et les établissements publics, ont par eux ou par leurs agents, toutes les capacités nécessaires pour requérir des inscriptions; la dispense de publicité ne serait pour eux qu'une prime accordée à la négligence.

Des Femmes séparées de biens ou devenues Veuves.

Des Mineurs devenus Majeurs.

30.

Les femmes séparées de biens ou devenues veuves, les mineurs qui auront accompli leur majorité, et leurs héritiers, quelque soit leur qualité, devront inscrire leurs hypothèques légales dans les six mois qui suivront :

Le jugement qui aura prononcé la séparation de biens;

Le veuvage;

La majorité ou le décès, sous peine de perdre leur rang à l'égard des tiers intéressés.

Si ces derniers ont pris des inscriptions depuis l'expiration des six mois accordés ci-dessus, ils conserveront le rang d'hypothèque qui leur sera assuré par leur inscription.

Il est probable, qu'on fixera à trente ans la durée future des inscriptions; il faudra nécessairement alors, déterminer le délai pendant lequel les hypothèques légales devront être réellement inscrites après la séparation, le veuvage ou la majorité; car, il nous semble impossible de les laisser se perpétuer occultes, pendant une vie entière, et à une époque, surtout, où l'absence ou le décès du créancier à hypothèque légale laisserait les souvenirs en défaut, et les surprises ou les supercheries d'une exécution trop facile.

Veuves ou séparées de biens, les femmes s'empressent de réclamer leurs droits : parvenus à leur majorité, les mineurs montrent tous un empressement, du reste fort naturel, à prendre l'administration de leur fortune; il n'y a donc aucun danger à fixer un terme à la dispense de publicité qui sera accordée à leurs hypothèques.

Ces vœux ne sont pas des innovations, ils étaient réalisés par le texte de la remarquable ordonnance du 23 mars 1673 qui porte :

« Les mineurs sont néanmoins tenus, dans l'an
» après leur majorité, de former leur opposition
» sur les biens de leurs tuteurs, protuteurs ou cu-
» rateurs comptables, et de la faire enregistrer de
» la manière ci-dessus, auquel cas ils seront con-

» servés dans leurs hypothèques, du jour de l'acte
» de tutelle; et, si leur opposition n'est enregis-
» trée qu'après l'année de leur majorité, elle
» n'aura d'effet que du jour de l'enregistrement. »

Les articles 2032 et 2033 du code des deux Si-
ciles, ont profité des leçons de cette ordonnance en
disant :

« Arrivant la dissolution du mariage par la
» mort du mari, si l'inscription de la dot n'a point
» encore été prise, la veuve, pour conserver son
» hypothèque légale, sera tenue de prendre ins-
» cription dans le délai d'un an. Après ce délai,
» l'hypothèque ne prendra rang que du jour de
» l'inscription, sans remonter à l'époque du con-
» trat de mariage.

» De même, si l'inscription n'a pas encore été
» prise sur les biens du tuteur, le mineur, devenu
» majeur, sera tenu, pour conserver son hypo-
» thèque légale, de la faire inscrire dans l'année,
» à compter de sa majorité; autrement, l'hypo-
» thèque ne prendra rang que du jour de l'ins-
» cription.

» L'hypothèque légale, accordée aux femmes
» et aux mineurs, quoique non inscrite, se trans-
» met à leurs héritiers, même étrangers. Mais ceux-
» ci seront tenus de prendre inscription dans l'an-
» née du jour de l'ouverture de la succession, ou
» dans le temps qui restera à courir pour complé-
» ter l'année indiquée dans les articles précédents,
» toutes les fois qu'ils auront succédé à la femme,
» depuis la mort de son mari; et au mineur de-
» puis sa majorité. Ce délai expiré, l'hypothèque
» prendra rang du jour de l'inscription. »

SECTION V.

De l'Hypothèque judiciaire.

31.

L'hypothèque judiciaire a eu sa part de critiques. Elle a été considérée comme une anomalie dans la loi, comme injuste dans son principe, et fâcheuse dans ses conséquences : elle a été accusée d'être le prix de la course ou d'une rigueur excessive contre les débiteurs, d'être onéreuse pour ce dernier dont elle consomme la ruine, en accumulant les frais au premier signal d'un discrédit qui n'est souvent qu'apparent, funeste pour les créanciers eux-mêmes, dont les frais de justice viennent souvent absorber le gage.

Les motifs de ces accusations, ont été puisés dans les textes anciens ou dans les monuments historiques; et nous ne voyons pas l'utilité d'agiter ici cette question purement scientifique.

32.

L'hypothèque judiciaire est aujourd'hui passée dans nos habitudes et dans nos mœurs.

Depuis 1566, date de l'ordonnance de Moulins, elle a pris de profondes racines dans la législation française. Le principe qui la consacre a été reconnu depuis, et l'expérience en a démontré l'utilité bien plus que les dangers.

Les Etats-Unis, les Allemands, les Grecs, les Sardes, les Napolitains ont proclamé l'hypothèque judiciaire dans les codes qui les régissent : la loi du 11 brumaire an VII, elle-même, qui malgré ses dé-

tracteurs, n'en sera pas moins toujours un remarquable et précieux document, a reconnu son utilité, sous la seule modification que nous réclame-
rons avec instance.

Mais la loi de brumaire, meilleure conservatrice
que le code civil des principes qu'elle avait posés,
s'empressa de soumettre l'hypothèque judiciaire à
la spécialité qu'elle avait imposée, en déclarant
qu'elle n'affecterait que les biens qui appartien-
draient *au débiteur le jour du jugement.*

C'était une grande conquête sur les législations
antérieures, un pas avancé vers les conséquences
les plus naturelles du principe de spécialité admis
avec tant de raison.

Cette rectification qui est urgente, n'aura rien
de bien nouveau, puisqu'elle a existé déjà en
France, et qu'elle existe encore en Bavière, et plus
sévère encore à Fribourg, en Prusse, en Autriche,
où l'hypothèque judiciaire est tout-à-fait spéciale.

Il y a un double inconvénient à laisser à l'hypothèque judiciaire le privilége de généralité qui lui
permet d'atteindre les biens à venir. Le premier est
fondé sur des considérations toutes morales, il est
déjà écrit dans les articles 791, 1172 et 1600 du
code civil. Si l'on ne peut aliéner une succession
future et généralement tous les biens à venir, pourquoi pourrait-on les grever, même par jugement?

Il faut rayer les trois articles cotés, ou restreindre l'hypothèque judiciaire dans sa limite morale
et légale. Le second inconvénient est fondé en droit
et en raison : *Car, comment comprendre que les jugements, qui ne sont que l'expression, la consécration d'une convention préexistante, mais méconnue,
puissent faire plus que la convention elle-même?*

En attribuant aux hypothèques judiciaires le
droit de grever les immeubles à venir, on a oublié
les principes, pour obéir aux souvenirs du droit

coutumier qui attachait de plein droit l'hypothèque générale à tous les actes authentiques contentieux ou volontaires.

Le droit coutumier avait raison d'autoriser l'hypothèque sur les biens à venir, lorsque les conventions avaient sous son empire la même faculté ; le code civil a eu tort de conserver à l'hypothèque qui nous occupe, un droit qu'il refusait, avec raison, à la convention.

33.

Il y a eu erreur ; ces quelques mots suffisent pour le prouver : l'histoire de l'hypothèque est là pour confirmer ces assertions. Les législateurs s'empresseront, nous n'en doutons pas, de revenir aux vrais principes, en proscrivant l'hypothèque sur les biens à venir, qui ne peut servir qu'à hâter et à consommer la ruine des dissipateurs.

En commençant de parler de l'hypothèque judiciaire, nous avons énoncé qu'elle était passée dans nos usages et dans nos mœurs ; mais, nous n'avons point donné de motifs pour sa conservation, elle est cependant attaquée vigoureusement par M. Pougeard, et dans ces termes :

« L'hypothèque judiciaire n'est, à vrai dire, » qu'une hypothèque légale, puisqu'elle est atta- » chée aux jugements par la seule force de la loi. » Mais les biens du débiteur sont le gage commun » de ses créanciers à moins qu'il n'y ait entre eux » des causes légitimes de préférence. Je me de- » mande comment un jugement peut constituer » une cause légitime de préférence ? Parmi plu- » sieurs créanciers d'un même débiteur, lequel » obtiendra le premier un jugement ? Ce sera le » plus rapproché, le mieux informé, le plus inquiet,

» le mieux servi par son huissier et son avoué : ce
» sont là des causes légitimes de préférence! je ne
» le comprends pas, je suppose entre les créanciers
» toutes choses égales; on sait comment les affaires
» s'instruisent et se jugent; on peut obtenir un
» jugement dans quinze jours, on peut ne l'obtenir
» que dans trois mois; il peut être étendu le jour
» même de l'audience; il peut ne l'être que vingt
» jours après, le receveur de l'enregistrement peut
» retenir une feuille vingt-quatre heures de plus
» ou de moins; le greffier remettre un jugement
» avant l'autre, le conservateur des hypothèques
» peut exiger la représentation du titre; il peut en
» dispenser. De combien d'incidents, d'accidents,
» de volontés et de caprices, dépend, en définitive,
» la cause légitime de préférence! On refuse l'hy-
» pothèque dans les dix jours de la faillite, et con-
» tre une succession bénéficiaire. Chose étrange!
» on accorde l'hypothèque quand le débiteur est
» solvable, c'est-à-dire lorsqu'elle est inutile; on
» la refuse quand le débiteur est obéré, c'est-à-dire
» lorsqu'elle pourrait produire son effet. Donc l'on
» reconnaît qu'elle n'est pas juste dans son prin-
» cipe, etc.

» On a dit qu'elle avait été établie pour que l'au-
» torité de la chose jugée ne fût pas compromise
» par les hypothèques que la partie condamnée
» ou sur le point de l'être, accorderait à un tiers,
» qui deviendrait ainsi préférable.

» Mais cette vue, juste en elle-même, est-elle
» bien remplie sous un rapport, et n'est-elle pas
» dépassée sous l'autre par l'hypothèque judiciaire?

» Comment cette hypothèque, qui ne peut résul-
» ter que du jugement, empêchera-t-elle la partie
» non encore condamnée, mais sur le point de
» l'être, de vendre ou d'hypothéquer, de faire dis-
» paraître sa solvabilité? Il est évident que la fraude

5

» aura toujours la plus grande latitude entre le
» jour de la demande et celui du jugement; nous
» l'avons vue en user souvent. Après le jugement
» même, et avant qu'il soit levé et signifié, elle
» peut encore manœuvrer avec succès.

» De ce qu'il ne faut pas que l'on puisse créer
» des hypothèques au préjudice de la chose jugée,
» s'ensuit-il nécessairement que la chose jugée
» doive emporter l'hypothèque? Non. Entre ne
» pas être primé et primer soi-même, il y a un
» milieu; c'est que la condition soit égale.

» Celui qui a contracté sans hypothèque, ne peut
» pas, à notre avis, en obtenir plus tard; mais ce
» qu'il est parfaitement en droit d'exiger, c'est
» qu'il n'en soit pas concédé à son préjudice, lors-
» que le débiteur est en demeure de se libérer, etc.

» A ceux qui s'effrayeraient de cette nouveauté,
» nous dirons qu'en Angleterre, où il se fait quel-
» que usage du crédit, on ne connaît point l'hypo-
» thèque judiciaire. »

Cette argumentation est difficile à combattre;
mais la loi la meilleure est-elle toujours la plus logique? Ne faut-il pas la soumettre aux besoins de
l'époque, plus encore qu'à la rigueur du syllogisme?

Les législateurs doivent avancer avec les idées;
ils doivent suivre, et souvent précéder les mœurs
et les habitudes qui s'acclimatent, pour les régle-
menter avant leurs écarts.

En faisant dépendre l'hypothèque de la convention, comme dans le droit romain, les législateurs
de l'an VII, comme ceux de 1804, ont pu, dans les
limites tracées par leurs principes, l'attacher aussi
aux jugements, s'ils en ont reconnu la nécessité.

La seule question à examiner est donc celle de
l'utilité de cette hypothèque.

34.

Si l'on considère le crédit entre particuliers tel que les relations l'ont créé, large dans la prospérité, mais inquiet, soucieux, et toujours jaloux de cette arme dangereuse et à double tranchant, que l'on nomme la lettre de change, on restera persuadé qu'il subirait une grande atteinte si l'on supprimait l'hypothèque judiciaire.

Le prêteur s'arme trop souvent, sans doute, de ce titre d'origine juive, qui, de tous ses caractères primitifs, ne conserve souvent que la forme et le nom, avec ses allures vives et trompeuses.

La lettre de change est presque toujours créée sans cause sérieuse; le tiré est pris au hasard. Pourquoi alors le prêteur se montre-t-il avide de la forme, quand une simulation démontrée plus tard peut lui occasionner une contestation très-grave?

C'est que la lettre de change non acceptée et non acceptable, comme il y en a tant, est un titre sans échéance fixe, exigible à toute heure, exécutoire avec rapidité, jugement, demande de caution, hypothèque, contrainte par corps, le tout sans délai, au premier cri d'alarme; voilà les avantages qui lui donnent tant de faveur.

Le billet à ordre est moins trompeur, il est plus sincère dans le terme qu'il promet; mais il dépend aussi de cette juridiction exceptionnelle, dont la rapidité est peut-être le plus grand mérite.

Enlevez à ces titres d'un usage si constant, si usuel, l'espérance de l'hypothèque et, pour notre compte, nous les croyons fort compromis.

35.

M. Pougeard propose de remplacer l'hypothèque judiciaire par le droit que chaque créancier chirographaire aurait de former sans jugement et sur le vu d'un titre exigible, même sous seing-privé et contestable, une opposition au bureau des hypothèques, à ce qu'il ne fût fait aucune vente ou consenti aucune hypothèque au préjudice de là condamnation à venir.

Cette manière d'opérer aurait l'avantage bien réel d'éviter les frais immenses qui viennent achever le débiteur dans un moment de gêne; mais, ce serait une espèce de prénotation qui, sauf l'économie des frais, ressemblerait fort à l'hypothèque, si elle donnait rang du jour où elle aurait lieu, ou si, comme dans la législation Genevoise, elle obtenait, après condamnation, un effet hypothécaire rétroactif à la date de la prénotation.

Si au contraire, comme semble l'indiquer M. Pougeard, cette opposition ne donne aucun rang hypothécaire et qu'elle ait seulement le mérite d'arrêter ou de paralyser les inscriptions qui seraient requises postérieurement, cet avantage ne satisfera personne, car chaque porteur de billets a toujours l'espérance d'être le mieux informé et le plus diligent. La suppression de l'hypothèque judiciaire serait donc une atteinte grave au crédit entre particuliers, sans autre intérêt matériel qu'une économie de frais de justice, sans autre intérêt de principes, que celui de revenir tout-à-fait à la législation romaine, abandonnée déjà sur tant de points, et qu'il ne faut plus songer à faire revivre, parce qu'elle n'est plus ni de ce siècle, ni en rapport avec nos institutions constitutionnelles.

SECTION VI.

De l'Hypothèque conventionnelle.

36.

Les hypothèques conventionnelles ne peuvent être consenties que par ceux qui ont la capacité d'aliéner les immeubles qu'ils y soumettent. (*Art.* 2124.) C'est pour rendre plus facile et plus sûre l'application de ce principe d'une vérité rigoureuse, que nous avons proposé l'inscription de certaines incapacités. Le mode que nous avons indiqué n'est pas aussi complet qu'on pourrait le désirer, mais il suffira aux besoins les plus pressants, et il est assez simple pour ne pas exiger la création d'un bureau central pour l'inscription des incapacités personnelles.

Cette création aurait l'avantage incontestable d'autoriser l'adoption d'un système général, mais l'obtiendrait-on ?

37.

La première modification à apporter au titre des hypothèques conventionnelles, est la radiation de l'article 2130.

Les raisons que nous avons indiquées, en parlant de l'hypothèque judiciaire, existent toutes ici, et militent en faveur de cette suppression.

L'hypothèque sur les biens à venir, créée volontairement ou judiciairement, est immorale dans les deux cas. Elle est en opposition avec les dispositions générales du code qui défendent, avec tant de raison, l'aliénation des biens à venir, et de plus contraire au principe de spécialité.

La loi de l'an VII s'était encore montrée plus logique, en proscrivant l'hypothèque sur les biens à venir, qui est condamnée par les législations de la Prusse, de la Hollande et de la Bavière.

38.

L'article 2148 a besoin aussi de grandes modifications.

La première à introduire serait peut-être la suppression des bordereaux ; le conservateur pourrait très-bien inscrire sur la présentation du titre ; il remplirait des cadres simples et invariables, et les droits des créanciers ne seraient pas compromis par les incorrections des bordereaux, qui sont faits un peu par tout le monde, et reçus sans examen par les conservateurs, qui, dans tous les cas, devraient au moins veiller à leur régularité.

Mais alors, qui fera l'élection de domicile, cette formalité si essentielle, et où la fera-t-on?

Notre réponse est simple ; l'on n'en fera pas du tout! L'élection de domicile existera de plein droit chez le créancier, quand il habitera dans le même arrondissement que celui où l'inscription sera requise; et chez le conservateur qui prendra l'inscription, lorsque le créancier habitera un arrondissement étranger; c'est dans l'un ou dans l'autre de ces domiciles, toujours constants, que se feront les notifications et tous les actes ayant rapport aux droits hypothécaires. Les conservateurs seront chargés d'envoyer à leur adresse, par lettre chargée, les notifications qui leur seront faites pour les étrangers à leur arrondissement.

Ce système est simple, et il enlève avec lui bien des difficultés, car nous ne voudrions pas nous charger de transcrire pendant le reste de notre vie tout ce qui a été écrit, dit ou jugé sur les questions d'élection de domicile.

Du reste, cette idée n'a rien de bien extraordinaire ; c'est l'expression de ce qui se pratique tous les jours : qu'arrive-t-il, en effet, lorque le créancier requiert inscription ? S'il habite le même arrondissement, il fait élection de domicile chez lui, et en cela il est fort prudent ; personne n'est plus intéressé que lui à recevoir les actes et à surveiller l'affaire ; mais, s'il habite un arrondissement étranger, où fait-il son élection de domicile ? Très-habituellement à la conservation des hypothèques où son inscription doit être prise, et il a encore cent fois raison. La conservation ne périt pas ; c'est un domicile fixe, connu, qui ne permet ni les dépôts à la mairie, ni les remises de copies aux voisins.

Les significations arrivent invariablement aux conservateurs, qui, connaissant bien toute l'importance des actes qui leur sont confiés, s'empressent de les adresser au véritable intéressé.

Voilà l'habitude, voilà ce que nous avons fait nous-mêmes bien souvent. Pourquoi ne pas consacrer par une mesure législative, un usage reçu, utile et sans dangers ?

Les conservateurs seront toujours les meilleurs correspondants en matière hypothécaire.

Si ces principes simples étaient admis, ils seraient le tombeau de bien des difficultés ; et combien d'autres écueils s'évanouiraient de même, si l'on examinait sérieusement et sans prévention les choses et leur but. Nous ne prévoyons pas une objection sérieuse contre cette proposition.

Si l'on pensait que la suppression des bordereaux est impossible ou même nuisible, il serait néanmoins convenable d'adopter la modification que nous venons de proposer relativement aux élections de domicile.

59.

Une difficulté très-embarrassante et cependant une des plus communes, est celle qui résulte dans la pratique de l'identité des noms et prénoms de plusieurs individus. Elle serait moins fréquente si les inscrivants se conformaient, dans leurs bordereaux, au principe de spécialité qui est écrit dans la loi; mais, abusant de cet axiôme: *Quod abundat non nocet,* nous avons vu plus de six mille inscriptions qui se terminaient ainsi:

« Pour produire hypothèque sur tous les biens » du débiteur, et spécialement sur, etc. »

En droit, la formule générale que nous venons d'énoncer ne signifie rien dans l'inscription des hypothèques conventionnelles; elle est en opposition avec les principes actuels de spécialité, et si l'on n'ajoutait rien à la suite, une pareille inscription ne serait pas bien dangereuse; mais, MM. les conservateurs, jaloux de leurs salaires et abrités par leur garantie, comprennent toutes les inscriptions qui portent la formule que nous venons de signaler, dans tous les états qui leur sont demandés sur le grevé (même sur immeuble désigné), sans tenir compte de cette formule insuffisante dont ils ne veulent pas se rendre juges. Par suite, assignation en restriction, jugement, radiation partielle, etc., soit 200 ou 300 fr. de frais.

Ajoutons à cet inconvénient celui résultant de l'identité des noms, et nous verrons qu'il y a des personnes qui se trouvent, par la seule cause de la communauté de leurs noms avec d'autres individus, dans l'impossibilité de traiter les affaires ordinaires de la vie, et qui sont réellement hors la loi.

Nous sentons très-bien que la question que nous traitons tout-à-l'heure repose sur une thèse toute de détails, qui se traîne terre-à-terre, et qui sera sans attraits pour les hommes éminents qui s'occuperont de la réforme hypothécaire.

Mais elle est intéressante, parce qu'elle atteint dans cet arrondissement au moins les trois-quarts des personnes qui requièrent des états. Nous n'exagérons rien, et nous ne sommes ici que l'écho des plaintes générales des hommes d'affaires et de leurs clients; il y a les trois-quarts des états délivrés qui se trouvent inutilement enflés, au grand préjudice de tout le monde, M. le conservateur excepté les causes de cet abus sont : l'usage de la formule générale que nous avons signalée, et qu'il faut proscrire; l'identité des noms et de quelques prénoms, désignations qui sont insuffisantes, puisque au moyen des changements de domicile et de profession, que les conservateurs créent à plaisir ou supposent d'office, ils ne tiennent pas compte de ces autres renseignements.

Ces inconvénients doivent cesser à l'avenir, et l'on trouvera facilement des moyens de répression contre un semblable abus. Du reste, voici deux rectifications qui atténueraient singulièrement le mal, si elles ne le guérissaient pas entièrement.

La première consiste à frapper d'une amende de 10 francs seulement MM. les conservateurs qui inscriraient, sans les faire rectifier, les bordereaux qui contiendraient, *sans droit,* la formule déplorable que nous avons signalée : « Pour produire hy-
» pothèque spéciale sur tous les biens du grevé. »

La seconde exigerait, non pas sous peine de nullité (Dieu nous en garde), mais sous peine d'une amende contre le conservateur, et sauf son recours contre le requérant, la mention dans l'inscription de l'âge, ou du jour et du lieu de la naissance du grevé; la peine serait encourue par le notaire, s'il n'avait pas fourni ce renseignement dans l'acte constitutif d'hypothèque.

Ces deux précautions seraient suffisantes, car on ne rencontrerait jamais deux personnes ayant des biens dans le même territoire, les mêmes noms, et étant nés le même jour. Tout cela est d'une minutie qui nous fait presque regretter de l'écrire, mais c'est d'une utilité pratique au-delà de tout ce que nous pourrions dire; l'expérience est notre seule conseillère. Nous ne retrouverions plus alors la formule générale et déplorable que nous condamnons, que dans les inscriptions résultant d'actes anciens et emportant hypothèque générale sur les biens présents et à venir, ou dans les inscriptions d'hypothèques légales.

On ne pourra pas craindre que les refus des conservateurs, fondés sur la crainte des amendes encourues, retardent les inscriptions, car la difficulté sera levée sur-le-champ, en opérant les rectifications, s'il est possible, ou en consignant immédiatement le montant de l'amende entre les mains du conservateur.

Toutes les autres formalités substantielles de l'inscription resteraient les mêmes; elles ont toutes leur utilité; mais l'absence d'aucune n'annulerait les inscriptions; les conservateurs examineraient les bordereaux avant de les inscrire et ils paieraient d'une amende toutes les infractions à la loi qu'ils n'auraient pas rectifiées ou fait rectifier.

Elles seraient alors toutes régulières, n'en doutons pas; les certificats d'inscription seraient sérieux, et les salaires des conservateurs ne s'augmenteraient pas, au grand préjudice des innocents.

Les petits abus font bien des malheureux; les petites contributions illégales sont quelquefois bien pesantes!

40.

L'article 2154 sera rayé; il a donné lieu à trop
de regrets pour mériter grâce. L'accessoire suit le
principal; c'est une vieille maxime qui se trouve
ici blessée sans nécessité. La question du renou-
vellement décennal a été condamnée par les législations Belge et Genevoise, et nous pensons qu'elle
ne fera pas de difficultés.

Nous demanderions à ceux qui voudraient faire
maintenir l'article 2154, quelle en est l'utilité sérieuse?

Pourquoi voudraient-ils laisser le capitaliste paisible exposé à un danger trop souvent encouru par
un défaut d'attention ou par une trop grande confiance dans un titre régulier et dans un débiteur
exact dans le service des intérêts.

41.

Cette correction serait insuffisante si elle n'était
pas suivie d'une autre, qui nous semble être le co-
rollaire tout naturel de la première. Nous voulons
parler de la prescription accordée aux tiers-déten-
teurs par l'article 2180; elle court du jour de la
transcription, et dix ans après, le tiers détenteur
de bonne foi qui n'a pas reçu de sommation en déclaration de validité d'hypothèque, a prescrit le
droit de suite attaché à l'hypothèque dont se trouvait grevé l'immeuble par lui acquis : mais, qui a
prévenu le créancier?

La transcription, dit-on, est une formalité publique, mais cette publicité est toute légale, elle
n'a rien de réel; c'est une publicité qu'il faut aller
chercher et qui ne vient pas à nous; elle est fondée
sur une simple présomption, et nous ne connais-

sons rien de plus à craindre que les présomptions légales quand surtout elles sont inutiles et qu'elles peuvent être remplacées par une véritable réalité. Si l'on maintenait la disposition de l'art. 2180 telle qu'elle existe, il serait plus dangereux qu'utile de donner aux inscriptions une durée de 5o ans. Pleins de foi dans cette longue existence qui paraîtra toujours fort éloignée de sa caducité, les créanciers seraient souvent victimes des aliénations suivies de transcription. L'hypothèque serait vivante, il est vrai, mais son effet contre le véritable détenteur serait anéanti par la prescription. La prescription décennale est cependant assez longue pour l'acquéreur; nous ne proposerons donc pas de la restreindre, ni de l'étendre, dix années de possession paisible doivent suffire pour rassurer le tiers détenteur; mais, nous voudrions que la prescription ne commençât à courir que du jour de la notification aux créanciers inscrits, et non pas du jour de la transcription.

42.

Une autre rectification nécessaire serait d'exiger, comme le demande M. Allemand, l'inscription des subrogations aux hypothèques légales, en déclarant que les premières inscrites seraient aussi les premières en rang de collocation.

Cette mesure aurait le double avantage de prévenir les fraudes résultant d'un trop grand nombre de subrogations, qui excèdent souvent de beaucoup les droits et les reprises de la femme, et de faire cesser les luttes judiciaires de préférence ou de concours entre les divers créanciers subrogés.

43.

Il serait utile, peut-être, de fixer au jour de leur date le rang des inscriptions qui sont requises en vertu d'un acte de crédit portant hypothèque.

Cette question peut être regardée comme résolue par la jurisprudence et notamment par deux arrêts très-fortement motivés, rendus l'un par la cour de Douai le 17 décembre 1833, et l'autre par la cour de Poitiers le 9 janvier 1844. Ils établissent que l'hypothèque stipulée par un crédit hypothécaire, prend rang du jour de son inscription au bureau des hypothèques et non pas seulement du jour de la réalisation de ce crédit. Nous partageons bien sincèrement les motifs qui ont dicté ces arrêts, mais M. Troplong a professé une opinion contraire, et lorsqu'un jurisconsulte du mérite de cet illustre auteur manifeste un avis motivé contraire à la jurisprudence, n'est-il pas nécessaire de trancher à jamais la question?

44.

Un article essentiel doit encore être introduit dans la loi hypothécaire; le besoin s'en est fait sentir depuis que les compagnies d'assurance contre l'incendie offrent des garanties réelles d'indemnité qui échappent souvent aux créanciers inscrits sur les immeubles incendiés. L'indemnité due en cas de sinistre, doit être distribuée aux créanciers comme le prix de l'immeuble lui-même; cette thèse n'a pas besoin de grands développements pour être comprise; mais, aucune loi n'affecte la somme assurée aux créanciers inscrits, ni ne leur donne sur elle aucun droit de préférence; la cour de cassation a été obligée de le reconnaître par arrêt du 28 juin 1831.

Consultons encore ici les faits. Que se passe-t-il lorsque l'on confère hypothèque sur des immeubles sujets à incendie? Le prêteur prudent, demande et obtient de son débiteur une cession de l'indemnité qui sera due en cas de sinistre. Cette cession est notifiée, et les choses marchent ainsi : la prudence et la procédure viennent suppléer au silence de la loi.

Ces cessions sont coûteuses, elles exigent des délais nuisibles ; elles sont dangereuses pour le prêteur de bonne foi qui, plus confiant ou moins prévoyant et moins sévère, a compté sur une hypothèque en première ligne dont le bénéfice peut lui être ravi par une cession éventuelle stipulée pour le cas de sinistre, au profit d'un créancier postérieur.

Toutes les obligations faites avec soin témoignent que les cessions d'indemnité ont lieu constamment ; pourquoi alors ne pas sanctionner cette sage habitude?

Ce n'est pas ici le cas de s'arrêter devant la crainte d'affecter à la sûreté des obligations hypothécaires une valeur réellement mobilière ; car en définitive, cette valeur mobilisée par un cas de force majeure est tout aussi bien la représentation de l'immeuble incendié, que le prix est la représentation de l'immeuble vendu, quoiqu'il y ait d'énormes et très-essentielles différences entre le contrat de vente, même conditionnel, et le contrat d'assurance.

L'hypothèque s'étend (art. 2133) à toutes les améliorations survenues à l'immeuble hypothéqué, pourquoi ne s'étendrait-elle pas, et avec plus d'équité peut-être, sur les valeurs représentant les détériorations partielles ou totales?

45.

Le concours des hypothèques générales et spéciales, mérite aussi toute la sollicitude des législateurs. On sait combien sont nombreuses et d'une
appréciation difficile toutes les contestations que
ce concours a fait naître. Elle seront à l'avenir plus
rares, puisque la doctrine et la jurisprudence ont
porté leurs flambeaux dans la plus grande partie
des hypothèses déjà jugées; mais il serait utile de
prévoir et de régler pour l'avenir un système de subrogation de plein droit, tel qu'il a été développé
avec détails par M. de Saint-Mexent.

Cette question est cependant moins importante
que celle qui va nous occuper, car personne n'em-
pêche le prêteur actuel de prendre d'avance la subrogation dont il s'agit, en faisant stipuler en sa
faveur une hypothèque qui embrasse tous les immeubles de son débiteur.

46.

Mais, rien ne peut parer aujourd'hui aux dangers si graves qui menacent les créanciers dont
l'hypothèque repose sur divers immeubles ou
même sur un domaine susceptible d'une vente en
détail.

Il est malheureusement trop facile au débiteur
de mauvaise foi d'annuler entièrement une garantie bien réelle et bien suffisante en vendant chaque
parcelle à un acquéreur différent. Nous avons vu
un spéculateur se jouer de la loi jusqu'au point
de nous dire que toutes les fois qu'il n'achetait pas
un héritage au-dessus d'une certaine somme, il
soldait comptant le prix de son acquisition sans
s'inquiéter des hypothèques qui pouvaient la gre-

ver ; surtout quand les dettes étaient nombreuses ;
Les créanciers, disait-il, n'auront jamais envie de
me faire une sommation hypothécaire dont les
frais ne seraient pas couverts par un prix qu'ils
n'ont alors aucun intérêt à me faire payer deux
fois. Nous lui avons vu mettre cette théorie en pratique, souvent et toujours avec succès ; une semblable audace est fort heureusement peu commune,
parce que dans un jeu pareil les deux parties cou-
rent à peu près les mêmes chances de perte ; car,
si le créancier voit son gage consommé en frais,
l'acquéreur peut fort bien être obligé de payer
deux fois son prix, ne fut-ce que dans les mains
des avoués.

Le mal existe ; il est grave lorsque le débiteur
aux abois persiste dans une voie de fraude, il est
vrai, mais dont la loi lui ouvre trop largement le
chemin.

Pour arrêter ces actes de mauvaise foi derrière
la légalité desquels on peut venir se retrancher,
il faudrait donner au créancier un droit d'opposition dont il ne pourrait s'armer que dans le cas où
il ferait effectivement surenchère ; mais du jour
où il aurait démontré par un seul acte de surenchère la voie de mécompte et de perte dans laquelle
veut l'entraîner son débiteur, il aurait le droit de
faire par une seule et même procédure la surenchère de tous les biens aliénés et de poursuivre, no-
nobstant tous délais, l'expropriation du surplus.

Un exemple fera mieux comprendre notre pensée. Un débiteur a hypothéqué à son créancier 24
héritages que nous désignerons par les 24 lettres
de l'alphabet.

Les héritages B, C, D, F, G, H, sont vendus et les
ventes transcrites. Les héritages A, E, I, sont aussi
vendus, mais les acquéreurs n'ont pas encore fait
transcrire leurs actes. Les acquéreurs des parcelles

B, et C, notifient : le débiteur croit les prix sincères et suffisants ; il ne fait pas de surenchère, ces deux ventes et les prix qui y sont fixés demeurent définitifs.

L'acquéreur de l'immeuble D notifie à son tour ; mais, là commencent les mécomptes, le prix est insuffisant, et le créancier s'oblige à surenchérir : dès ce jour, ce créancier aura le droit de former une opposition au bureau des hypothèques dont l'effet sera d'empêcher la transcription des contrats de vente qui n'auraient pas encore été soumis à cette formalité.

Dès ce jour aussi, il pourra poursuivre l'expropriation de tous les héritages vendus ou non, mais dont la mutation n'aurait pas été rendue publique par la transcription, à la seule charge par lui de rembourser aux acquéreurs de bonne foi les frais par eux exposés.

Quand aux héritages F, G, H, transmis par actes transcrits mais non encore notifiées, les ventes seront définitives, mais le créancier pourra, par un seul acte, surenchérir toutes les parcelles qui n'auraient pas atteint le prix qu'il désire leur donner ; cette surenchère aurait lieu sans attendre les notifications des contrats et sur les extraits des ventes transcrites que le conservateur délivrerait après l'opposition qui lui aurait été signifiée.

Le créancier se contenterait du prix des héritages B et C, sur les notifications desquels il n'aurait fait aucune opposition. Il pourrait surenchérir les parcelles F, G, H, dont les actes étaient *transcrits* avant son opposition, et il poursuivrait la saisie de tous les autres héritages, sans être arrêté par les aliénations antérieures ou postérieures à son opposition, mais qui n'auraient pas été transcrites avant elle.

Les frais exposés par les acquéreurs seraient repris à l'ordre par préférence au poursuivant lui-même s'ils étaient de bonne foi, mais postérieurement si leur mauvaise foi pouvait être établie.

47.

Il faut encore accorder au créancier, lorsqu'il sera le premier inscrit sur des immeubles d'une trop mince valeur, le délaissement judiciaire mais pur et simple des biens qui formeront son gage.

« L'expérience a appris, dit M. Allemand, que souvent la valeur des immeubles du débiteur était trop faible pour fournir aux frais de l'expropriation à ceux d'ordre et au paiment du premier créancier hypothécaire.

» La loi qui nous régit n'a pas prévu ce cas. Si par les articles 2166 et suivants, elle accorde un droit de suite aux créanciers hypothécaires, c'est seulement pour faire vendre l'immeuble hypothéqué, et pour en faire ensuite distribuer le prix. Qu'arrive-t-il de là? Que les créanciers, s'ils sont sages, se résignent à suspendre l'exercice de leurs droits, pour ne pas consommer leur gage en frais.

» Ou que ceux qui sont plus durs, agissant avec une rigueur irréfléchie ruinent leurs débiteurs sans retirer aucun avantage des expropriations qu'ils poursuivent.

» Deux articles de plus dans notre code feraient disparaître ces abus.

» Par l'un, lorsque les immeubles hypothéqués paraîtraient ne pas excéder en valeur une somme déterminée (calculée sur vingt-cinq fois le revenu cadastral) le créancier premier inscrit, ou, à son refus légalement constaté, le second créancier pourrait obtenir des tribunaux le délaissement en propriété des immeubles du débiteur. Cependant, alors, le prix du délaissement, ou la valeur positive de l'immeuble, devrait être fixé par experts : un seul choisi par le tribunal serait suffisant. Le prix serait compensé jusqu'à due concurrence avec les frais, le surplus serait employé à payer les premières créances inscrites.

» Les créanciers postérieurs seraient cependant admis à faire vendre les immeubles, mais à la charge par eux de s'engager, sous caution, à les faire valoir assez pour que les premiers créanciers fussent intégralement payés.

» Le second article autoriserait tout créancier à demander l'envoi en possession pignorative de son débiteur ; sauf aux créanciers antérieurs en rang à obtenir la préférence pour cette possession, sauf aussi le droit qu'aurait tout créancier de les faire vendre, s'ils n'étaient pas d'une valeur inférieure à celle fixée par l'article précédent ; à la charge cependant, par les créanciers postérieurs en rang de les faire porter à un prix tel que la créance du possesseur fut acquittée. »

48.

Un dernier vœu nous reste à émettre ; celui de voir régler le transfert des obligations à ordre.

Les titres à ordre sont aujourd'hui dans nos besoins, dans nos nécessités.

Les obligations à ordre ont été reconnues par la doctrine et la jurisprudence : un arrêt de la cour de cassation du 21 juillet 1838 autorise cette assertion. Elles sont déjà fréquentes, mais elles ont quelque chose d'incomplet, car on ne peut pas soutenir que le simple endossement sous seing-privé transfère valablement l'hypothèque et le bénéfice de l'inscription. Cet endossement ne peut autoriser ni les changements de domicile, ni les mentions de subrogation qu'il est utile de faire opérer par les conservateurs pour empêcher l'ancien créancier de consentir main-levée au préjudice du nouveau titulaire ; il n'a donc aujourd'hui d'autre valeur, que celle d'une simple promesse de cession réalisable plus tard. Cet inconvénient arrête les transmissions, inquiète les porteurs, et l'on pourrait rassurer bien facilement les uns et les autres, en autorisant formellement les obligations à ordre et en déclarant que les endossements auront lieu par un simple acte notorié, au droit fixe de trois ou cinq francs.

Cet acte de transfert pourrait être exigé double : il devrait alors, être inscrit sur la minute et sur la grosse ; le notaire rédacteur donnerait au conservateur expédition de l'endossement et sur cette remise les mentions auraient lieu comme en matière ordinaire et d'après les principes généraux sur les hypothèques.

Ce que nous demandons n'est pas l'exercice d'un droit nouveau, c'est la reconnaissance, la consécration d'une forme de transport plus prompte, moins onéreuse, plus en rapport avec les nécessités actuelles, l'obligation à ordre existe en fait et en droit, mais le mode de transmission n'est pas réglé, il le sera légalement si l'on adopte nos propositions.

Une objection sera faite ; si l'endossement doit être mis sur la minute en même temps que sur l'expédition, c'est, dira-t-on, gêner la mutation qui ne pourra jamais avoir lieu que dans l'étude du notaire qui aura reçu l'obligation, cela est vrai ; mais l'endossement doit pouvoir être retrouvé, et il en faudrait une minute pour parer aux pertes fortuites.

Cependant, si l'on jugeait cette restriction trop nuisible, rien n'empêcherait de faire l'endossement sur la grosse seule, mais toujours sur la grosse à la suite ou à la marge, et d'opérer les mentions sur le seul vu de l'acte d'endossement ou de transmission par ordre.

49.

Nous avons terminé ce que nous avions à dire sur le système hypothécaire proprement dit : qu'il nous soit permis maintenant d'ajouter quelques mots sur la nécessité urgente qu'il y a de fixer un délai de rigueur pour la confection des ordres. Nous ne parlerons pas de l'expropriation forcée, une loi récente est venue satisfaire les nécessités les plus impérieuses.

Des longueurs presque constantes, des frais immenses, des mécomptes bien périlleux, s'attachent aujourd'hui à la distribution par ordre; c'est sans contredit, la procédure la plus accusée et la plus redoutée par les créanciers.

Avec les modifications qui seront introduites nécessairement dans le nouveau système, les difficultés se trouveront simplifiées d'elles-mêmes, du jour surtout où les incorrections dans les bordereaux d'inscriptions donneront lieu à des amendes et non pas à des nullités; mais il faudrait cependant fixer un délai de rigueur après lequel les créanciers dont les droits ne seraient pas contestés, devraient invariablement recevoir leurs mandements de collocation. Ceci est très-possible; c'est l'application *rigoureuse et limitée* de l'art. 758 du code de procédure civile, auquel il ne manque qu'un mot, pour fixer le délai rigoureux de la délivrance des borderaux.

50.

En résumé, les idées que nous venons de soumettre à la commission tendent à obtenir :

1° L'inscription à la requête des intéressés ou des poursuivants (et dans les divers bureaux de la situation des biens), des incapacités personnelles qui résultent des interdictions, des assistances de conseils judiciaires , des déclarations d'absence , des condamnations ou des adoptions ;

2° La transcription nécessaire à l'égard des tiers de tous les actes translatifs de la propriété, ou des démembrements de la propriété immobilière ;

3° L'inscription sans titre, et sauf justification ultérieure, des priviléges généraux sur les immeubles ;

4° Le maintien de l'action résolutoire pour le vendeur et le copartageant jusqu'au jour de la transcription ; et après, la voie hypothécaire seule, assurée par l'inscription d'office qui durera trente ans ;

5° La suppression du privilége des architectes et des entrepreneurs ;

6° L'existence, indépendamment de toute inscription, des hypothèques légales des femmes et des mineurs, avec une voie économique et sûre pour les purger sur les aliénations et les apprécier lors des prêts hypothécaires ;

7° L'indication dans les actes de célébration civile des mariages, du contrat qui doit régler les intérêts des époux, ou la déclaration qu'il n'en existe pas ;

8° La nécessité de l'inscription des hypothèques légales des femmes et des mineurs dans les six mois qui suivent la séparation de biens, le veuvage ou la majorité;

9° La conservation des hypothèques judiciaires, avec la restriction de ses effets aux biens présents du débiteur;

10° La radiation de l'art. 2130 du code civil;

11° La suppression de l'élection de domicile et le remplacement des nullités prononcées par l'article 2148, par des amendes à la charge des conservateurs, qui devraient veiller à la régularité des inscriptions;

12° La défense, sous peine d'amende, d'employer dans les inscriptions une formule générale en hostilité complète avec notre système de spécialité et une modification nécessaire pour distinguer suffisamment la personne grevée d'une inscription;

13° Une durée trentenaire aux inscriptions mêmes conventionnelles, et la déclaration que la prescription écrite dans l'article 2180 ne commencera à courir que du jour de la notification aux créanciers inscrits;

14° L'application aux créances inscrites des indemnités dues, en cas de sinistre, par les compagnies d'assurances contre l'incendie;

15° Le réglement d'un système de subrogation légale, entre les créances à hypothèques générales et celles à hypothèques spéciales;

16° L'inscription des subrogations aux hypothèques légales et autres;

17° Une voie certaine pour parer aux inconvénients résultant des ventes par parcelles et en détail, et aux ventes judiciaires des immeubles d'une trop faible valeur pour faire face aux frais d'expropriation;

18° La reconnaissance des obligations à ordre et le mode de les transférer légalement avec tous leurs accessoires ;

19° Enfin, une limite pour la délivrance des bordereaux de collocation des créances non contestées.

51.

Il y aurait beaucoup de choses à ajouter à ce petit travail, très-certainement bien incorrect et bien incomplet ; mais la précipitation est une excuse à bien des erreurs, et l'à-propos fait souvent tout le mérite d'une publication.

Nous avons compris que ces observations seraient sans utilité après le projet de la commission, et qu'elles n'auraient pas la puissance de faire modifier, après coup, une seule des bases qui seraient adoptées. Nous les livrons donc avec confiance, aux réflexions bienveillantes des jurisconsultes éclairés, nos maîtres, mais à qui échappent bien souvent toutes les petites misères de détail, dont nous sommes presque toujours le témoin nécessaire.

FIN.

Clermont-Ferrand, imp. de PEROL.

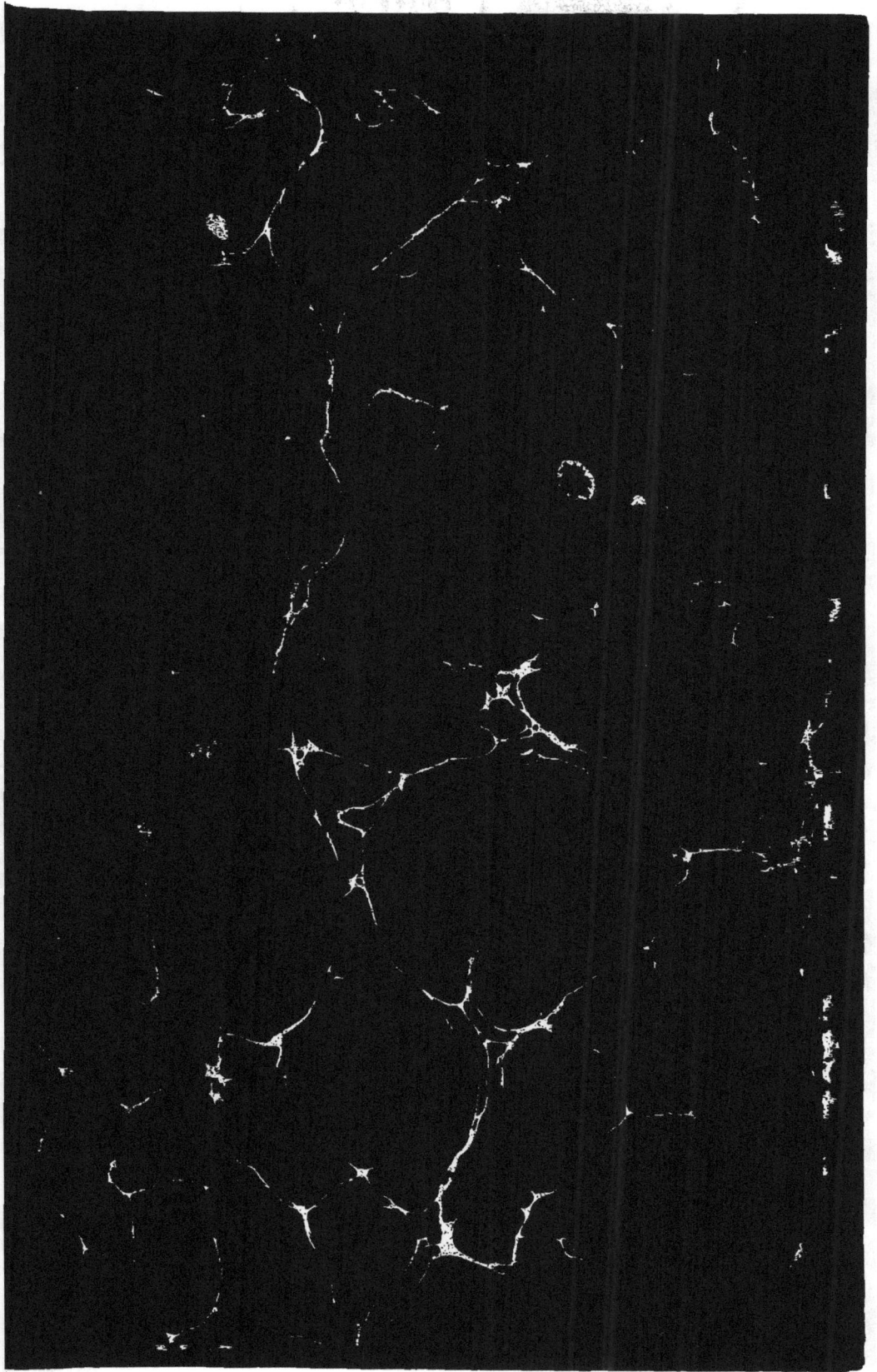

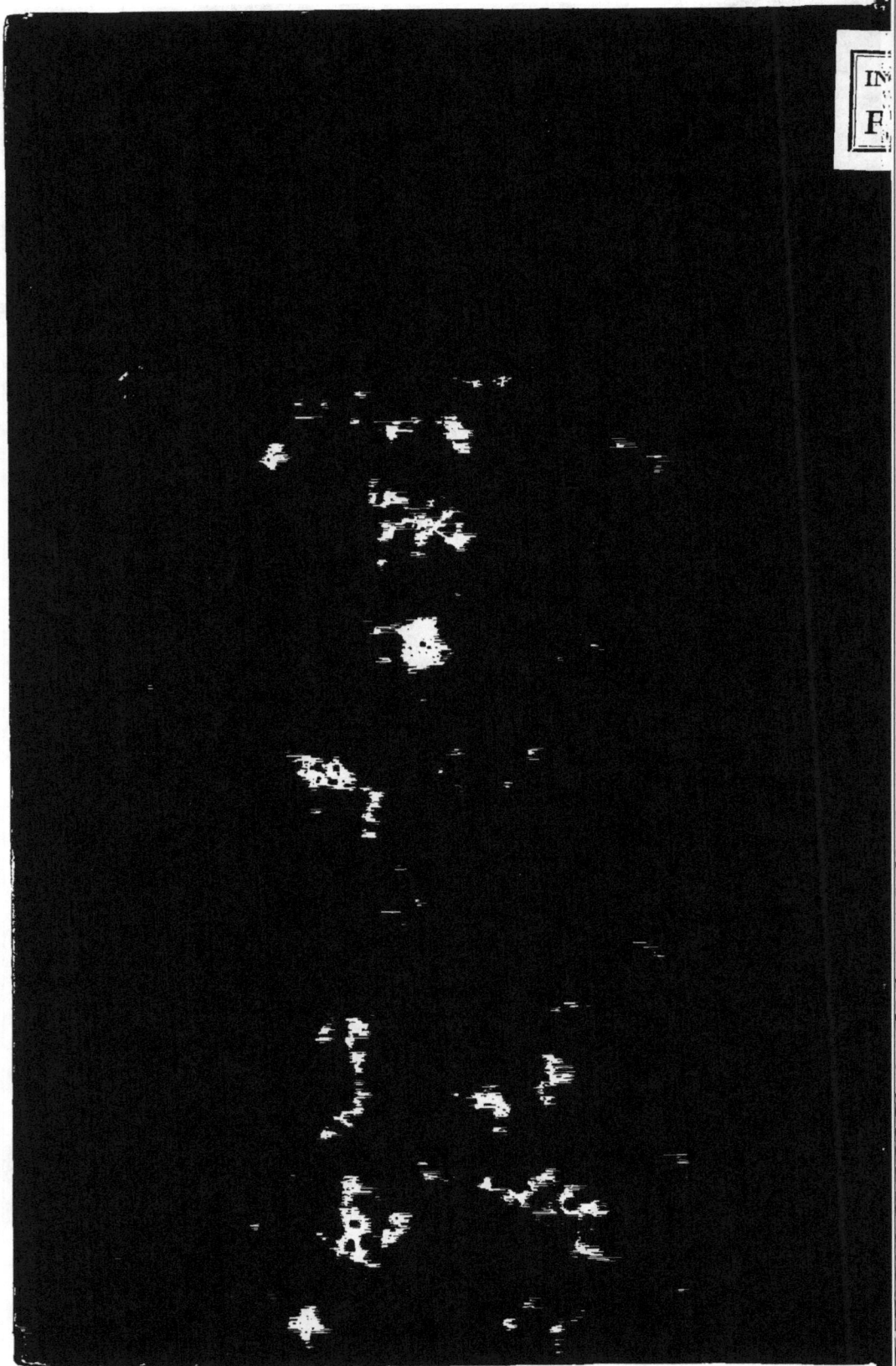

www.ingramcontent.com/pod-product-compliance
Lightning Source LLC
Chambersburg PA
CBHW071108210326
41519CB00020B/6226